有元葉子

# 春夏秋冬うちの味

暮しの手帖社

# おいしいもの

おいしいものが食べたいな、といつも思っています。

おいしいものってなんでしょう？　私にとっては、そのときに自分が食べたいものです。

「白身魚の塩焼きの白い身をほぐして、白いご飯にのせて食べたい」と思えば、それがそのときの自分にとってのおいしいものです。「おいしいもの」がイメージできたら、買い物に行って材料を調達して、下ごしらえをして、作って食べる。これをできることが健康であり、幸せです。でも、できないこともあるのです。時間がなかったり、疲れていたりして。ですから、おいしいものを食べられるかどうかで、そのときの自分の状態がよくわかる。

おいしいものは自分の欲求だけでなく、必然的にととのうことも多いものです。

ぬか床にちょうどよい漬かり具合のきゅうりがあるから、お昼はぬか漬けでお茶漬けにしましょう、とか。お店で新鮮なアスパラガスを買ったから、アスパラガスのパスタを作って食べましょう、とか。こうしたものも「おいしいもの」です。時間や季節が用意してくれる「おいしいもの」。

私が外食をあまりせず、何か買ってきて食べたりもしないのは、こうしたおいしいものとの付き合いに忙しいからです。「これが食べたい」と自分の中から聞こえてくる声や、季節の出盛りの食材や、冷蔵庫や冷凍庫の中にあるものと相談ばかりしているから、外のものを食べようというモードになれません。

外食をするのはあくまでも、人と一緒の時間を楽しむため。「おいしいものは家にあり」なのです。

目次



# 春

# 夏

# 秋

# 冬



＊レシピの計量単位は、カップ1杯は200mℓ、大サジ1杯は15mℓ、小サジ1杯は5mℓ、1合は180mℓです。
＊オーブンなどの焼き時間はめやすです。機種によって違いがありますから、様子を見て調整してください。
＊オリーブ油は、エキストラバージンオリーブ油を使用しています。

# 春

## 芽吹きの季節のうれしい大忙し

春は大忙し。なぜって、旬の食材が次々に出てくるからです。

雪解けのころに地面から顔を出すふきのとうから始まり、ふき、うど、筍、アスパラガス、そら豆、グリンピース、春キャベツ、ニラ……。山野のものばかりでなく、春は海からも真鯛やワカメやアサリなどが続々と到来します。

ですから、春は忙しい。おいしいものを、おいしい季節のうちにいただかなければいけませんから！　うれしい忙しさです。料理をする楽しみがいっぱいで、私はこの時季は外に出かけられなくなるんです。

冬の寒さを地面の中でじっと耐えて、ようやく芽吹いた春の野菜は、アクを持っているものが多く出回ります。筍しかり、ふきしかりで、下ごしらえが必要です。旬の野菜は鮮度が命。こうした野菜を手に入れたら、ほかの仕事はさておいて、できるだけ早いうちに下ごしらえにかかります。

上手にアクを抜いて下ごしらえさえしておけば、柔らかいゆで筍や、青々としたふきの水煮が冷蔵庫にストックできる。若竹煮に筍ご飯と、いろいろな筍料理を数日堪能できます。ふきを油揚げとさっと炒めて、しょう油で味つけするだけの私の大好きなご飯のおかずがすぐに作れます。「お楽しみが先にある」という心持ちで、私は下ごしらえに精を出すのです。

みずみずしくて柔らかい春の食材は、イタリアンやエスニック料理でいただくのも格別です。毎年春になると作る、お気に入りの料理をご紹介します。

真鯛は産卵前の春に脂がのって桜色になる。アスパラガス、そら豆。木の芽は山椒の若芽。ワカメも春に採れる「新物」が、一年を通して最も香りと風味がよいとされる。筍は料亭でも家庭でも「季節の顔」。

# ふきの下ゆで

ゆでたふきは透明感のある薄緑色。芽吹きを感じさせるいかにも春らしい色で、ふきをゆでたことのある人だけが味わえるお楽しみです。

塩をふり、板ずりをしてゆでます。塩には食材のアクを取る効果があります。ゆでたら端にナイフを入れて筋を引っかけ、起こした筋を下にスーッと引いて取ります。この作業が気持ちよくて、私は好きです。↖

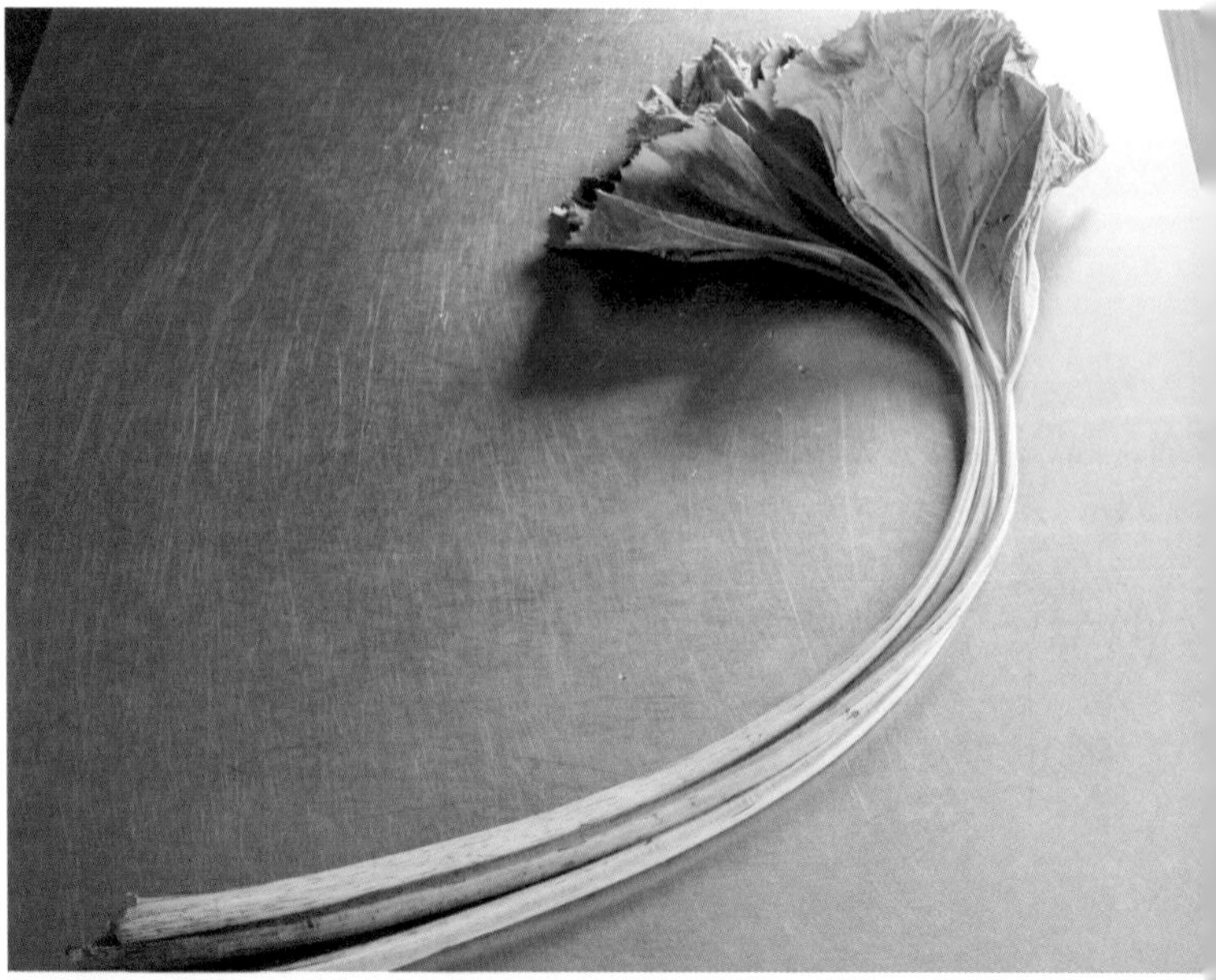

**材料**（作りやすい分量）

ふき（葉のついたもの）　1束

粗塩　適量

**1**　ふきは葉のつけ根の部分で切り、手持ちのボールの口径よりもやや短めの長さに切りそろえます。

**2**　まな板の上にふきを適量のせて、塩を多めにふり、両手で転がすようにして板ずりします。残りのふきも同様に板ずりします。

＊葉は板ずり不要です。

**3**　氷水を入れた大きめのボールを2つ用意しておきます。大きな鍋に湯を沸かし、塩少々を加え、まずは茎を太い部分から鍋に入れます。太い部分に少し火が通ったら、細い部分も湯に入れます。色がきれいになり、指でつ

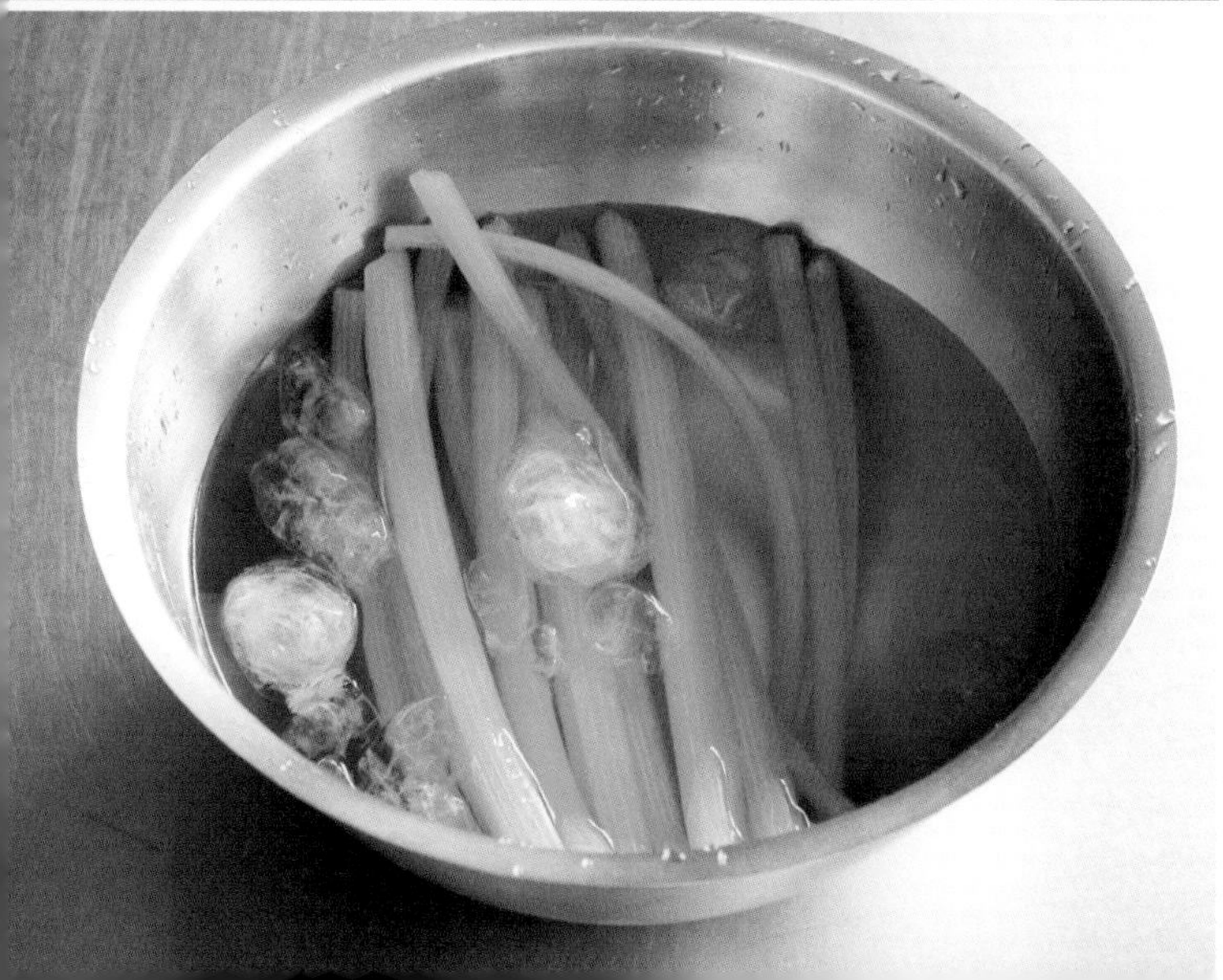

　ほろ苦いふきは、油揚げと炒め煮にすると格好のご飯のおかずに。牛のうす切り肉で巻いて、しょう油味で炒め煮にしてもおいしい。にんにく唐辛子オイル（アリオ・エ・オリオ・エ・ペペロンチーノ）で炒めて、パスタと和えて食べるのも私は大好き。春に必ず作ります。
　ふきは、最近は葉を落とした状態で売られているものが多いですが、ぜひ、葉つきを買ってください。苦味のある葉っぱをふりかけにするのが、また格別においしいのですから。

まんでみて少し柔らかくなっていたら引き上げて、氷水をはったもうひとつのボールに入れます。ゆですぎは禁物です。太いものから細いものへ、ふきの太さの順に時間差をつけて、ゆで上げていきます。
**4**　続いて葉をゆでます。色鮮やかになったら引き上げて、すぐに氷水に入れます。
**5**　ペティナイフでふきの端の筋を引き起こし、スーッと引くようにして筋を取ります。逆側からも同じようにして筋を取ります。保存するときは、水につけた状態で冷蔵庫へ。1～2日はおいしく食べられます。

# ふきと油揚げの炒め煮

ふきをゆでると、まっ先に作るおかずです。炒めた油揚げにしょう油をジュッと吸わせて、ふき自体にはあまり味をつけずに一緒に食べるのがおいしい。

**材料**（4人分）
ふき（下ゆでしたもの）　4〜5本分（10頁参照）
油揚げ　2枚
太白ごま油　大サジ1杯
日本酒　大サジ2〜3杯
しょう油　大サジ2杯
木の芽　適宜

**1**　ふきは盛りつける器の大きさに合わせて、長さ4〜6㎝に切ります。油揚げはタテ半分に切り、幅1㎝ぐらいに切ります。
**2**　鍋に油をひき、油揚げを中火でよく炒めます。油揚げがカリッとしたら、しょう油を加え、箸で混ぜます。
**3**　しょう油の香ばしい香りが立ったら、ふきを加え、日本酒を加えて炒め合わせます。汁気がなくなるまで炒め煮にして、器に盛り、木の芽を散らします。

# ふきの葉のふりかけ

香りがあって、ほろ苦くて、ふきは葉っぱもおいしい。ぜひ、ふりかけを作ってみてください。家だけで食べられる「春の味覚」です。

**材料**（作りやすい分量）
ふきの葉（下ゆでしたもの）　全量（10頁参照）
しょう油　少々
白炒りごま　適量

**1**　葉は水気をきって、まな板の上に1枚ずつ広げて重ねます。タテに4等分に切って重ね、端から細切りにし、さらに細かく刻みます。
＊葉がかなり大きいときは、広げた葉を半分に切って重ね、まな板に斜めに置いて、繊維を断ち切るように4等分ぐらいに切ります。これを重ねて細く切ります。

**2**　大きな鍋にふきの葉を入れて弱火にかけ、箸で混ぜながら、水分がしっかりとぶまでカラ炒りします。
＊底面積が広い鍋（＝大きな鍋）で炒るほうが、まんべんなく水分をとばすことができます。

**3**　葉の色が濃くなり、手で触って湿り気を感じなくなるまでカラ炒りしたら、しょう油を少したらし、箸で混ぜて全体に味を含ませます。
＊しょう油はごく少量です。小サジ一杯程度を入れて、味をみて足りなければ少し足します。

**4**　白炒りごまを加え、さらに少し炒ります。

うどの皮のきんぴら
生うどのふきみそ添え
ふきみそ

# ふきみそ

春先、実家の庭にふきのとうが顔を出すと、母が決まって作ってくれたのがふきみそです。ふきのとうは香りと苦味の強い山菜ですが、なぜか子どものころから好きで、今でも出回ると必ずふきみそを作り、食卓で春の香りを味わいます。

私は甘味をつけず、みそだけの味つけにするのが好みです。白いご飯や玄米ご飯にのせたり、おむすびの具にするほか、ディップのように生野菜につけて食べるのもおすすめです。

**材料**（作りやすい分量）
ふきのとう　7〜8コ（50g）
太白ごま油　大サジ1と½杯
みそ　大サジ2杯ぐらい

**1**　ふきのとうはざく切りにします。
＊すぐに色が変わるので、切ったらなるべく早く炒めるようにします。

**2**　鍋を中火にかけて油をひき、ふきのとうを入れて炒めます。油が全体にまわったら、みそを加えます。

**3**　炒め合わせて、水分が足りないようなら日本酒少々（材料外）を加えます。ヘラでかき混ぜながら中火で炒め、ふきのとうにみそがよくなじんで、油が浮いてきたら火を止めます。
＊冷蔵、冷凍保存ができます。

# 生うどのふきみそ添え

早春の山菜を代表するうど。生でいただくときは皮を厚くむき、柔らかな芯を取り出して、片栗粉を溶かした水にさらします。こうするとアクがよく取れて白さを保てます。

**材料**（3〜4人分）
うど　2本
片栗粉　大サジ3杯
ふきみそ（上記）　適量

**1**　ボールに水カップ1杯強を入れ、片栗粉を加えて溶きます。

**2**　うどは根元のかたい部分を切り落とし、穂先を切り離します。さらに枝分かれした細い茎があれば切り離します。根元の茶色い皮をぐるりとむいて除いておきます。

**3**　うどを長さ4cmに切ります。全体の皮を厚めにむいて、芯（皮をむいたうどの中心部分）と皮に分け、芯を（1）のボールに入れます。
＊皮と切り分けた穂先、細い茎は、下記の「うどの皮のきんぴら」にします。

**4**　ボールの片栗粉が沈殿してきたら、そのつど混ぜ、水が茶色くなるまで15〜20分さらします。うどの芯を取り出して、片栗粉をしっかりと洗い流し、キッチンペーパーで水気をよく拭きます。

**5**　うどの芯をタテ2〜3等分に切ります。器に盛り、ふきみそを添えます。

# うどの皮のきんぴら

むいたうどの皮や、穂先、枝分かれした細い茎はきんぴらでおいしくいただきましょう。炒めればうぶ毛も気になりません。上記の生うどは片栗粉でさらしますが、きんぴらの出来上がりは、しょう油色になるので、酢水でアクを抜きます。

**材料**（作りやすい分量）
うどの皮（穂先、細い茎も含む）　2本分
＊「生うどのふきみそ添え」の手順（2）と（3）で出たもの
太白ごま油　大サジ1と½杯
唐辛子　2本
しょう油　適量

**1**　うどの皮は長さ4cm、幅3mm程度に切ります。穂先と細い茎はせん切りにします。酢水に5〜10分さらしてアクを抜きます。
＊酢水はヒタヒタの水に酢大サジ2杯ぐらいがめやすです。

**2**　ザルに上げて水気を拭きます。

**3**　鍋に油をひいて強火で熱し、丸ごとの唐辛子、うどの皮と穂先、茎を入れて炒めます。うどが透き通ってきたらしょう油をまわし入れ、ひと炒めして火を止めます。

# ゆで筍

筍はお好きでしょう？　私も大好きです。筍がお好きなら、ぜひ、ご自分でゆでてみていただきたいのです。買ってくるゆで筍とは、まるで別ものです。家でゆでると甘い香りがして、歯ごたえもよく、本当においしい。柔らかくゆでるのに時間はかかりますが、鍋に入れて火にかけておくだけでよいので、難しいことは何もありません。

筍は掘って時間が経つほどに、えぐみや↙

**材料**（作りやすい分量）

筍　3本（皮ごと／1本約350g）
米ぬか　カップ2杯
唐辛子　1本

**1**　筍はさっと洗います。皮つきのまま、穂先から4～5cmを斜めに切り落とします。タテに1本、中の身に近い深さまで皮に切り目を入れます。これはあとで皮をむきやすくするためです。

**2**　大きい鍋に、たっぷりの水と米ぬかを入れます。泡立て器で混ぜ、米ぬかと水がよく混ざったら、筍と唐辛子を入れます。落としブタをして強火にかけ、沸いたら火を弱めて、フツフツと静かに煮立つ状態を保ちながら煮ます。筍の大きさや鮮度によって、ゆで時間は異なります。めやすは1～3時間です。

＊ゆっくりと時間をかけてゆでるので、大きな鍋を使い、水をたっぷりはって筍をゆでます。ゆでている途中で水がなくなったら、そのつど水を足して、筍が湯から出ない状態を保ちながらゆでます。

**3**　筍の一番太い部分に皮の上から竹串を刺し、スッと通るほど柔らかくなったら火から下ろします。ゆで汁につけたまま、一晩冷まします。

**4**　(3)を切り目から開いて皮をむきます。うすく残った絹皮をつけたまま、流水で米ぬかを洗い流します。

＊絹皮は姫皮とも呼ばれ、外側の皮を取り除いた内側にある、うすく柔らかい皮のことです。

**5**　穂先を片手で持ち、筍に割り箸の側面の

苦味の原因となるアクが強くなります。ですから買ってきたり、いただいたりしたら、すぐにゆでることが肝心です。ゆでて水につけておけば、冷蔵庫で3〜4日持つので、煮ものでも炒めものでも筍ご飯でもパスタでも、いろいろな料理にすぐに使えます。春のお楽しみです。

まず、筍をゆでやすい状態にします。皮に覆われたままだと火の通りが悪いので、中身を傷つけないよう、形を想像して穂先を斜めに切り落とし、皮にタテに切り目を1本入れます。

ゆで湯に入れる米ぬかや唐辛子には、筍のアクを除いて甘味を引き出す効果があります。フツフツと静かに煮立つ火加減で、筍が充分に柔らかくなるまでゆっくり煮たら、火を止めてそのまま一晩おいて冷まします。冷める段階でさらにアクが抜けます。

角を当てて、穂先から根元に向けて何度か軽くこすります。こうすると、めくれた絹皮を除くことができて、筍がきれいに仕上がります。

**6** さっと洗い、穂先の皮が残った部分や、根元のかたそうな部分は切り落とします。形が整ったらボールにはった水に浸します。すぐに料理しない場合は、水につけた状態で冷蔵庫で保存します。

＊切り落とした穂先や根元の部分は、食べられそうなところは細く切り、みそ汁の具としてどうぞ。
＊毎日水を取り替え、3〜4日で食べきります。

# 若竹煮

　筍をゆでたら、まず作りたいのが若竹煮。春の訪れを知らせる筍と、春に新物が出るワカメ（若布と書きます）。生まれたての野のものと海のものとの出合いの料理は、和食の一番のごちそうです。

　ワカメは乾燥も塩蔵も、この時季は新物が出回ります。香りのよさ、コリッとしつつも柔らかい食感が格別です。筍に負けない主役級の扱いで、きれいに切りそろえて使います。

　この料理で重要なのがダシと煮汁。筍はかつおぶしと相性がいいので、かつおぶしをたっぷり使ったおいしいダシをとり、塩としょう油（しょう油は香りづけの目的なので控えめに）でうす味にととのえて、筍をゆっくりと煮含めます。

　木の芽を両手ではさんでパンパンとたたき、香りを立ててから、ふわっとのせて仕上げます。

**材料**（作りやすい分量）
ゆで筍　3本（16頁参照）
乾燥ワカメ　5g（もどして60g）
木の芽　適量
ダシ　カップ4杯
日本酒　大サジ2杯
塩　小サジ1杯
しょう油　少々

**1**　筍は長さを半分程度に切って、柔らかい穂先側、かたい根元側に分けます。穂先側はタテに4つ割りにします。根元側は厚さ1㎝の輪切りにし、片面に2㎜間隔の格子状に切り目を入れます。

**2**　ワカメはたっぷりの水につけて、柔らかくもどします。広げて茎の部分を持ち、半分、さらに半分と折りたたんでいきます。幅6〜7㎝まで折りたたんだら、かたい部分を切り落とし、食べやすくざく切りにします。

**3**　鍋に筍、ダシ、日本酒、塩、しょう油を入れて中火にかけます。煮立ってきたら火をごく弱火にし、フタをせずに40分ほど味が入るまで煮含めます。いったん冷まして、再び火を入れるとよく味がしみ込みます。

**4**　筍を鍋の片側に寄せ、空いたところにワカメを入れて、さっと温めて火を止めます。器に盛り、木の芽をあしらいます。

# ダシのとり方

**材料**（出来上がり約1ℓ）
水　カップ6杯強
昆布（利尻昆布など）　5㎝角×2枚
かつおぶし　50g

**1**　鍋に昆布と水を入れて弱火にかけます。沸いてきたら、昆布から小さな泡が上がるぐらいの火加減で50分ほど煮出します。
＊あるいは分量の水に昆布をつけて冷蔵庫に一晩おく、昆布ダシのとり方でも結構です。この場合は昆布を取り出して、昆布ダシを火にかけます。

**2**　昆布を取り出して中火にし、沸騰直前にかつおぶしを加えて菜箸で静かに沈めます。火を止めて7～10分おきます。
＊冷蔵庫で作った昆布ダシを使う場合は、中火で温めて沸騰直前にかつおぶしを加えます。
＊7～10分おいたら必ず味見をします。ダシの味がしっかり感じられればOKです。

**3**　水でぬらしてかたくしぼったサラシをザルにしき、ボールに重ねます。ここにダシをあけて、サラシの四方を中心に折り上げて、しぼらずにそのままおき、静かに漉します。
＊澄んだダシをとったあとは、サラシに包まれたダシガラを別のボールにしぼります。このかつおぶしのうま味が残るしぼり汁は、炒め煮などの濃い味の煮ものや炊き込みご飯、みそ汁に向きます。

# 筍と真鯛の揚げもの

若竹煮の筍は、揚げものにしても美味。私は翌日食べる揚げものも楽しみで、若竹煮の筍を多めに煮るぐらいです。

真鯛も春に旬を迎えます。春の真鯛は桜の花が咲くころに脂がのり、ウロコの桜色が濃くなることから、「桜鯛」とも呼ばれています。こちらも揚げものにして筍と盛り合わせれば、またひと味違う春のごちそうに。

真鯛は切り身を買ってくるよりも、1尾を買うのがおすすめです。自分でおろすのが難しければ、お店で三枚おろしにしてもらいましょう。昆布締め（塩をふった魚を生のまま昆布で巻いて冷蔵庫に入れ、1日程度おくだけで最高の味に）、塩焼き、鯛飯、アラ煮などいろいろに楽しめます。

筍と真鯛の天ぷらは、素材のうま味が味わえるように「うす衣」で揚げます。玉子を使わない衣をごくうすくまとわせることで、カリッと香ばしく揚がります。仕上げに、木の芽のキリリとした香りをまとわせます。

**材料**（2〜3人分）
若竹煮の筍　9〜10コ（18頁参照）
真鯛の切り身（三枚おろし）　1切れ
木の芽　20g（約100枚）
塩、薄力粉、揚げ油　各適量

**1**　筍はキッチンペーパーで水気を拭きます。真鯛は小骨があれば取り除き、食べやすい大きさに切って、全体に軽く塩をふります。

**2**　バットに薄力粉を入れ、（1）の筍と真鯛にまぶします。指で丁寧にすみずみまで粉をつけてから、余分な粉をはたき落とし、全体にうっすらとまとわせるのがコツです。キッチンペーパーをしいた別のバットに移します。

**3**　衣を作ります。ボールに薄力粉大サジ7杯強（カップ½杯強）を入れ、泡立て器で混ぜながら、水120㎖を加えます。

**4**　別のバットに平ザルを重ねます。（2）の筍と真鯛をひとつずつ、衣にくぐらせて平ザルにのせます。このとき、平ザルの端を利用して立てかけて置き、余分な衣がきれるようにします。

**5**　木の芽は庖丁で細かくたたき、まな板に残します。

**6**　揚げ油を160℃の低温に熱し、（4）の筍と真鯛を4分ほど揚げ、油をきって平ザルに上げます。揚げ油を180℃の高温にして、真鯛を油の中に戻し入れ、衣が少し色づいたら油をきって引き上げます。

**7**　まな板の上で、揚げた筍と真鯛に木の芽をまぶします。器に盛り、軽く塩をふります。

# レモンクリームパスタ

瀬戸内の島などで黄色いレモンが収穫されるのは、冬の終わりから晩春にかけて。まだ肌寒い時季に、レモンを生クリームで煮出したソースのパスタを食べるのは、春を感じる気分でうれしいものです。

この料理は、私がイタリアで通っていた語学学校の先生に習いました。ローマ出身の先生です。

鍋の中の真っ白なクリームに、うす切りにしたレモンの黄色がポン、ポンと浮かんでいる様子がかわいらしく、その景色を見たくて作るようなところも私にはあります。

**材料**（2〜3人分）

スパゲティ（太めのもの）　160〜200g
レモン（国産）　大1コ
生クリーム（乳脂肪分47％）　200mℓ
バター　30g
レモン（皮のすりおろし用）　適量
パルミジャーノ・レッジャーノ　適量
黒粒コショー　適宜

**1**　レモンは皮ごと厚さ3mmぐらいの輪切りにします。

**2**　たっぷりの湯を沸かして、多めの塩（材料外）を入れます。味見をして、しょっぱいと感じるぐらいの塩加減にします。スパゲティをゆで始めます。

＊仕上げに塩を入れないので、スパゲティにしっかり塩味をつけます。

**3**　なるべく底面の広い鍋に生クリーム、(1)のレモンを入れて中火にかけます。生クリームが半分ほどの量に煮詰まって、レモンの果肉が煮溶けてスカスカになり、皮だけが残る状態になったらレモンを取り出します。バター、パルミジャーノを大サジ4〜5杯すりおろして混ぜます。

＊スパゲティのゆで上がりと、ソースの出来上がりが同じタイミングになるのがベストですが、ソースが先にできてしまったら火を止めて、スパゲティがゆで上がるのを待ちます。

**4**　アルデンテにゆでたスパゲティを(3)の鍋に加えて、ソースをよくからめます。

＊スパゲティはザルに上げずに、鍋から直接トングで取って、ソースの鍋に入れます。スパゲティについたゆで湯がソースに加わることで、ソースがなめらかになります。スパゲティにソースをからめながら、水分が足りないと感じたら、ゆで湯を加えて混ぜます。

**5**　器に盛り、パルミジャーノを好みの量だけすりおろします。レモンの皮をたっぷりすりおろし、好みで黒粒コショーを挽きます。

# 「新」が名前につく野菜が出始めたら

名前に「新」がつく野菜、いくつご存じですか?

春キャベツともいわれる新キャベツ、新じゃがいも、新玉ねぎ、新ごぼう、新れんこん、新しょうが……。その年のはしりのものもあれば、春に収穫できる品種のもの、栽培方法を工夫したものなど、「新」が名前につく野菜もいろいろです。

いずれにしても「新」がつく野菜は、春や初夏の限られた短い時季だけに味わえるもの。だから店先に並ぶと、つい手に取ってしまいます。そして、「新」がつく野菜ならではの、あのおいしい料理を今年もまた作ろう、と思うのです。

たとえば、れんこんは冬の代表的な根菜ですが、初夏に出回る新れんこんもあります。冬のれんこんは太くてしっかりしていて、皮が厚く、身がもっちりとしています。コリッとしたかたさもあって、火を通すと充実した味わいです。

一方、新れんこんは色が白く、アクが出にくく、細めのものが多いです。皮をむいて切ってみると、庖丁でスパッと切れて、切り口にツヤがあります。張りのあるかたさとみずみずしさが、新れんこんの持ち味です。また、食べればパリパリ、シャキシャキという気持ちのいい食感で、これも新れんこんの魅力です。

ですから、新れんこんは白さと歯ごたえを生かして、混ぜ寿司にしたい……。と、こんなふうにして料理や食べ方が生まれていきます。

れんこんと同じく、「新」のつく野菜はみずみずしくて、軽やかな味わいが共通しています。それぞれの野菜のおいしい食べ方をご紹介します。

# しらすと新れんこんの混ぜ寿司

作り方は26頁

# しらすと新れんこんの混ぜ寿司

新れんこんで酢バスを作り、甘酢新しょうが、しらすと一緒に寿司飯に混ぜるさわやかな料理です。白い材料ばかりでそろえて、新しょうがのほのかな薄紅色がアクセント。こういう色のトーンも美しいと私は思うのです。

ちなみに酢バスも、甘酢新しょうがも、冷蔵保存できます。お寿司に添えたり、お弁当に入れたり、作っておくと便利です。

## 酢バス

**材料**（作りやすい分量）

新れんこん（中）　1本

［甘酢］

米酢　カップ½杯ぐらい

塩　小サジ½〜⅔杯

メープルシロップ（ゴールデン）　大サジ2〜3杯

＊砂糖でも結構です。その場合は大サジ1〜2杯にし、米酢と塩を合わせて鍋でさっと煮溶かします。甘酢新しょうがの甘酢、寿司酢も同様にします

**1**　ボールに甘酢の材料を入れてよく混ぜ、塩を溶かします。

**2**　れんこんは皮をむき、スライサーなどでうすい輪切りにして、すぐに酢水に浸して色止めをします。

**3**　鍋に湯を沸かし、米酢ひとまわし（分量外）を加えます。れんこん適量を湯に6〜8秒くぐらせ、透き通ってきたらアミですくい、水気をきって（1）の甘酢に浸します。残りのれんこんも同様にし、甘酢に30分ほど漬けます。

# 甘酢新しょうが

**材料**（作りやすい分量）
新しょうが　1かたまり（200〜250g）
［甘酢］
米酢　カップ1杯
塩　小サジ1と½杯
メープルシロップ（ゴールデン）　70ml

新しょうがはうす切りにし、水に7〜8分さらします。ボールに甘酢の材料を入れ、混ぜ溶かします。鍋に湯を沸かして米酢ひとまわし（分量外）を加え、新しょうがを数回に分けて入れ、湯に6〜7秒くぐらせます。水気を軽くきって甘酢に浸し、1〜2時間漬けます。

# 新れんこんの混ぜ寿司

**材料**（5〜6人分）
酢バス　右記の全量
甘酢新しょうが　約100g
米　3合
［寿司酢］
米酢　75ml
塩　小サジ⅔杯
メープルシロップ（ゴールデン）　大サジ2〜3杯
＊砂糖の場合は大サジ1杯
しらす　150g

**1**　米はといで浸水させ、寿司飯の水加減で炊きます。

**2**　ボールに寿司酢の材料を入れ、よく混ぜて溶かします。

**3**　炊きたてのご飯を飯台または大きめのボールにあけ、寿司酢をまわしかけます。しゃもじで切るように上下を返して混ぜ、うちわであおいで冷まします。甘酢新しょうがは細切りにします。

**4**　（3）の寿司飯の上にしらすをうすく広げて、菜箸で寿司飯ごと軽く上下を返します。次に甘酢新しょうが、酢バスをそれぞれうすく広げてのせます。細い菜箸の先を水でぬらして、寿司飯の上下を少しずつ返すようにすると、うまく混ぜることができます。

# 新ごぼうの ニラだれサラダ

香りのよさ、シャキシャキと気持ちのいい歯ごたえが、新ごぼうの魅力です。それを味わうならサラダが一番。ニラをたっぷり刻んだタレで食べるのがわが家の定番で、ご飯にとてもよく合います。

**材料**(作りやすい分量)

新ごぼう　1本
ニラ　½束
A
　ごま油、しょう油、米酢　各大サジ1〜1と½杯
＊好みで豆板醤やおろしにんにくを加えるのもおすすめです

**1**　ごぼうはタワシでよく洗います。斜めうす切りにしてから、幅1㎜ぐらいの細切りにし、酢水(分量外)につけます。

**2**　ニラは刻み、さらに庖丁でたたいて細かくします。

**3**　ニラとAを混ぜ合わせてなじませます。

**4**　鍋にたっぷりの湯を沸かし、米酢少々(分量外)を加えます。(1)のごぼうを湯に5〜10秒ほどくぐらせ、ザルに上げ、キッチンペーパーに広げてしっかりと水気をきり、冷まします。

**5**　ボールに(4)のごぼうを入れます。(3)のニラだれをよくかき混ぜてから大サジ4杯加え、混ぜ合わせます。

# 新キャベツのサラダ アンチョビドレッシング

柔らかくてみずみずしい新キャベツは、生で食べるに限ります。私はにんにくの効いたアンチョビドレッシングをからめるのが好きです。おいしく作るコツは、仕上げる直前までキャベツを冷水につけて、パリパリにしておくこと。それからドレッシングとよくからめることです。

**材料**（4人分）
新キャベツ　5～6枚
アンチョビ（フィレ）　3枚
にんにく（すりおろし）　少々
オリーブ油　大サジ3杯
白ワインビネガー（米酢などでも。好みのビネガー）
　大サジ1杯
コショー　適量

**1**　キャベツは食べやすく手でちぎり、③で和える直前まで冷水につけてパリッとさせておきます。

**2**　大きなボールにアンチョビ、にんにくのすりおろし、オリーブ油、白ワインビネガー、コショーを入れて、よく混ぜます。よく混ぜることで、アンチョビがほぐれてドレッシング全体になじみます。

**3**　①の水気をよくきって、②のボールに加えます。底から返すようにしてドレッシングをキャベツによくからめ、器に盛ります。

# ぬか床

　おいしいぬか漬けとご飯があれば、ほかに何もいらない——と、これまでに何度思ったかわかりません。ほどよく漬かったぬか漬けは香りがよく、適度な塩気がおいしくて、乳酸発酵の気持ちのいい酸味があります。ぬか漬けのうま味は、からだの大切なところへ働きかけてくれる感じがします。

　ぬか漬けを始めるなら、初夏がおすすめです。ぬか床の主である乳酸菌や酵母が生き↖

**材料**（1～1.5ℓぐらいの容器分）
生ぬか　500g
塩　カップ1杯弱
水　カップ2～2と½杯
唐辛子、昆布、にんにく、実山椒　各適宜

**1**　大きめのボールにぬかを入れ、塩の8～9割量を加えます。残りは調整用に取っておきます。

**2**　水を少しずつ注ぎながら、そのつどかき混ぜて全体になじませます。手で握ってみて、団子状にまとまるようになるのが、ほどよい水分量のめやすです。
＊自分が混ぜやすいかたさになればよいのです。

**3**　(2)のぬか床の味をみて、残した塩で調整します。
＊ぬか床も料理のように、自分の舌で味見をします。自分が「いい感じの塩分」と感じる塩加減にすればよいのです。

**4**　(3)をぬか漬け用の容器に移し、唐辛子、昆布、にんにくなどを混ぜ込みます。
＊ぬか床に混ぜるものは唐辛子だけでも、昆布だけでもよいです。好みの風味をつけてください。何も入れなくても構いません。

生きと活動できるのが、この時季の気候だからです。それに、きゅうり、なす、セロリ、みょうが……初夏からおいしくなる野菜はどれも、ぬか漬けに向きます。

私は「ぬか床をお世話する」と言っているのですが、毎日かき混ぜて、おいしいぬか床になるように「お世話する」。育てる感覚です。自分のぬか床と暮らす楽しさを味わってみませんか？　さらに詳しいぬか漬けの話は45頁をお読みください。

**5**　最初は「捨て漬け」といって、キャベツの外葉や野菜の切れ端を漬け、発酵を促します。

＊容器は冷暗所に置くのが理想です。気温の高い日は冷蔵庫に入れることをおすすめします。

## 野菜の漬け方と手入れ

・季節の野菜を新鮮なうちに漬けます。野菜の表面を塩でこすってぬか床に入れ、ぬか床の空気を抜くようにぬかを手で押さえます。

・野菜の種類と気温によって漬かる時間が違います。きゅうりなら、夏は4〜5時間がめやすです。野菜にまぶす塩の加減や、どのくらい漬けるかの漬け加減は好みで調整します。寒い冬は夏の倍の時間がかかります。

・毎日、ぬか床の一番底から上下を返して、よくかき混ぜます。一度につき30回を目標に。かき混ぜ終わったら、容器の内側、外側をフキンで拭いて清潔に保存します。

・ぬか床が水っぽくなったら、中心に穴を深めに空けて一晩おきます。翌日、穴にたまった水分を取り除きます。混ぜやすいかたさになるまで何回か続けるとよいです。ときどきぬかの味見をして、塩やぬかを足します。

# ぬか漬け

初夏のある日、わが家のぬか床から出てきた野菜たち。右上から白瓜、きゅうり、左上からラディッシュ、葉しょうが、みょうが、白瓜、セロリ。漬かりやすい季節は野菜にまぶす塩を少なめにし、3～5時間漬けます。いろいろなぬか漬けを盛り合わせるのも楽しいです。

la base

# アボカドとそら豆、ひき肉スパイス炒めのせご飯

そら豆は和洋中といろいろに使えますが、私は中東風の味つけで食べるのも好きです。
スパイスを効かせたひき肉炒めをご飯にのせて、そら豆と、やはり春においしくなるアボカドをトッピング。この場合のご飯は白米でもいいですが、ぷちぷちとした食感が楽しいもち麦を白米に混ぜたり、あるいは玄米にすると、「穀物も野菜」という新鮮な食べ方ができます。

**材料**(4人分)
もち麦　1合
米　1合
アボカド　2コ
　レモンのしぼり汁　1コ分
そら豆　1袋(5〜6本)
プレーンヨーグルト　適量
[ひき肉のスパイス炒め]
ひき肉(豚、牛、合いびき、鶏、ラムなど好みの肉)
　200g
玉ねぎ　½コ
にんにく　1片
オリーブ油　適量
しょう油　大サジ2と½杯
ターメリック、コリアンダー、カルダモン、カイエンペッパー、クローブ(パウダー)、クミン(パウダー)、オレガノ、タイム　各適宜
塩　少々

**1**　もち麦はさっと洗って、水に30分ほどつけておきます。米はといで、ザルに上げておきます。もち麦の水気をきり、米と合わせて炊飯器に入れ、普通に水加減して炊きます。

**2**　そら豆はサヤから取り出し、うす皮の黒い筋(お歯黒)にそって切り込みを入れ、うす皮をむきます。ほどよいかたさに塩ゆでし、ザルに上げます。アボカドはタテにぐるりと切り込みを入れて、両手でひねるようにして2つに分け、種を取ります。タテに4等分に切ってから、皮をむき、大きめのひと口大に切って、レモン汁をふりかけておきます。

**3** 玉ねぎ、にんにくはみじん切りにします。鍋にオリーブ油を、底を覆って流れるぐらいにひき、玉ねぎ、にんにくを入れて弱めの中火で炒めます。

**4** （3）の野菜の角がなくなるぐらいにしっかり炒めたら、ひき肉を入れて、強めの中火でほぐしながら炒めます。肉の匂いがしなくなり、香ばしさが出るまで、しっかり炒めます。

**5** （4）にしょう油を加えて炒め、ひき肉がしょう油を吸ったら、いったん火を止めて、ターメリック、コリアンダー、カルダモン、カイエンペッパー、クローブ、クミンなどを好みで加えます。スパイスは全種類入れてもいいし、2、3種類でも構いません。スパイシーな味が好きならば、それぞれ小サジ1杯弱ぐらい入れるといいでしょう。スパイスがなければ、カレー粉でも結構です。

**6** （5）の鍋を中火にかけて、オレガノとタイムを大サジ1杯ぐらいずつ加え、炒め合わせて香りを立てます。味をみて、塩を加えてととのえます。

**7** （1）のもち麦ご飯を器に盛り、ひき肉のスパイス炒めをかけて、アボカドとそら豆を上にのせます。ヨーグルトを大サジ1～2杯かけて混ぜながらいただきます。

# アスパラガスのパスタ

アスパラガスのうま味たっぷりのクリーム系ソース。ゆでた穂先を具として加えることで、食感やほろ苦さも味わえます。パスタは麺のゆで始めとソースの作り始めが一緒のスタートで、仕上がりも同時になるのが理想ですが、心配ならばソースを先に作り始めても。麺のゆで上がりは待ってくれないけれど、ソースは待ってくれますから。

**材料**（2～3人分）
アスパラガス（太いもの）　9本
ペンネ　180g
＊他のショートパスタや太めのロングパスタでも
玉ねぎ　¼コ
オリーブ油　大サジ2杯
バター　20g
生クリーム　カップ⅔杯
塩、パルミジャーノ・レッジャーノ　各適量

**1**　アスパラガスは根元の皮をピーラーでむき、長さ3～4㎝に切ります。玉ねぎはみじん切りにします。

**2**　アスパラガスの穂先全量と、茎を合わせて全体の⅓量にし、ゆですぎないように塩ゆでします。

**3**　大鍋に湯2ℓを沸かし、塩大サジ1杯弱を入れて、ペンネをゆで始めます。
＊タイマーを表示よりも2分短くセットします。

**4**　鍋にオリーブ油、バター、玉ねぎを入れ、弱めの中火で玉ねぎが透き通るまで炒めます。残りの⅔量のアスパラガスを加えて炒め、（2）のゆで湯を大サジ1～2杯加え、アスパラガスが柔らかくなるまで炒め合わせます。

**5**　（4）と生クリームを合わせてミキサーにかけ、なめらかになったら鍋に戻します。塩で味をととのえ、（2）のアスパラガスを加えます。

**6**　ペンネがゆで上がったら（5）に加えて中火にかけて混ぜます。ソースが全体になじんだら器に盛り、パルミジャーノをすりおろしてかけます。

# かぶの塩もみ レモン和え

国産のレモンが出回る冬から春先にかけては、レモンを存分に味わいます。塩もみした野菜にレモン汁をぎゅっとしぼりかけて、レモンの皮を散らして食べるのは、この季節だけのお楽しみ。

**材料**（2～3人分）
かぶ　大3コ
レモン（国産）　大1コ
塩　適量

**1**　かぶは茎を切り、柔らかければ皮つきのままで、かたければ皮をむいて、厚さ5㎜の半月切りにします。茎は長さ2㎝に切ります。

**2**　ボールにかぶを入れ、塩を1～2つまみふって混ぜます。

＊塩は、食べると「しょっぱいかな」と感じるぐらいの量です。野菜の全体の重量の1.5～2％の塩分量がめやすです。

**3**　レモンは白い部分が入らないように皮をうすくむき取り、細いせん切りにします。

＊よく切れる庖丁を使って、皮をうすくむきましょう。白い部分が入ると苦くなるので、黄色いところだけをむきます。

**4**　（2）をしばらくおき、ボールの底に水気が出て、かぶがしんなりしたら、かぶの水気を両手でぎゅっとしぼります。しぼったかぶを別のボールに入れて、（3）のレモンの皮を加え、レモン汁をしぼり入れて和えます。

# やりいかのフリットとポテトフライ

魚介のフライとポテトフライの取り合わせ、とても相性がよいのです。柔らかいやりいかに、にんにくとパセリを混ぜた衣をしっかりまぶしつけて揚げます。リングの内側やげその細かい部分まで、粉がこれ以上はつかない、というぐらいまでまぶしつけて揚げることで、油ハネが少なくなり、カリカリのおいしい食感になります。白ワインやビールのお供に最高です。

**材料**（4人分）
やりいか　2杯
［衣］
　にんにく（みじん切り）　1片分
　パセリ（みじん切り）　大サジ2杯
　薄力粉　適量
じゃがいも　2コ
塩　少々
唐辛子（みじん切り）　適宜
揚げ油　適量

**1**　じゃがいもは皮をむいてクシ形に切り、塩水に5分つけます。水気をきって、塩少々を入れた湯で5分ゆでて引き上げます。
＊5分水につける（でんぷん質を取るため）→5分ゆでる（水分を抜くため）の2段階の下ごしらえが、サクサクのポテトフライを作る秘訣。

**2**　やりいかは脚を外して軟骨とワタを抜き、幅1cm程度の輪切りにします。脚は2～3本ずつに切り分けます。
＊揚げるときにハネるのを避けようとして水気を拭いてしまうと、衣がつきにくくなります。

**3**　やりいかをボールに入れて、にんにくとパセリのみじん切りを加え、よく混ぜます。薄力粉を大サジ½杯くらい入れて、よく混ぜます。薄力粉を少しずつ足しながら、手でしっかりともみ込みます。やりいかの細かいところまでまんべんなく衣をつけて、これ以上は粉がつかないという状態まで、押しつけるようにしてしっかりもみ込みます。

**4**　揚げ油が低温のうちにじゃがいもを入れて、じっくりと揚げます。途中で返し、ある程度揚がったら、揚げアミを引き上げたり下ろしたり、あるいはアミ杓子ですくっては油の中に入れることをくり返し、空気に触れさせながらカラリと仕上げます。きつね色に揚がったら引き上げて、熱いうちに塩をふります。

**5**　やりいかを中温よりもやや高めの温度で揚げます。箸で触ると表面がカリカリの感触になるまで揚げて引き上げます。

**6**　じゃがいもとやりいかを器に盛り合わせて、塩少々と、好みで唐辛子を散らします。

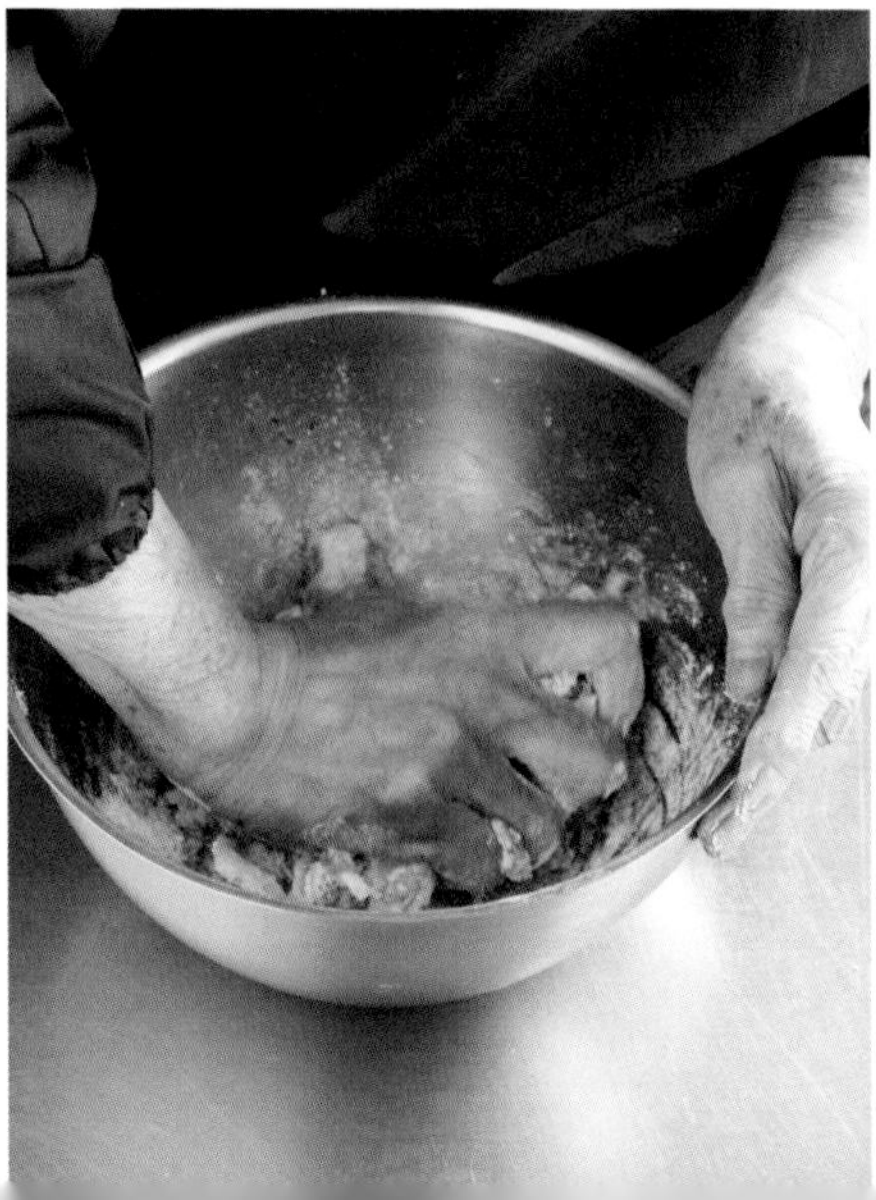

「新」のつく野菜たち。葉つきの新にんにくは淡いピンク色のつぼみがきれい。
新れんこんは冬のものよりもみずみずしい。
新ごぼうは生でも食べられるほどアクがなく、柔らかいのが魅力。

# 百合根みたいな新にんにく

春から初夏に出回る新にんにくの存在を、「みなさん、気付いていているかしら」とちょっと気になります。

新にんにくは、ひねにんにくと形こそ同じですが、味わいがだいぶ違います。皮はまだ柔らかくて、飴細工のように透明感のある白色。中はみずみずしくて柔らかく、まだ芯ができていないので、ひねのにんにくとは少し違う新鮮な香りがありますが、くさみや辛味はありません。だから胸焼けしないし、料理のアクセントとして使う以外にも、「素材として」「野菜として」たっぷり使うことができるのです。

そして、その味わいが……ほっくりとして、まるで百合根やじゃがいものよう！

かく言う私も、新にんにくの魅力に開眼したのは、わりと最近です。青森の田子《たっこ》という町のにんにく農家の方と知り合う機会があり、その方の畑を訪ねたときに、アミで皮ごと丸焼きにした新にんにくを食べさせていただいて、びっくりしたのです。皮をむいた中から出てくるにんにくの、ホクホクで甘くてクリーミーでおいしいこと！「わあ、こんなにおいしい食べ方があったんだ」と目から鱗が落ちる思いでした。

それから、新にんにくの持ち味を生かした料理を作るようになりました。たとえば、「新にんにくのパスタ」です。

新にんにく2株は皮つきのまま上部を切り落とし、蒸し器で15～20分蒸します。竹串で刺してみて、スッと通れば中まで柔らかくなっています。取り出して皮をむき（上部を切り落としてあるとむきやすいのです）、バターナイフなどでつぶしてペー

スト状にします。火を通した新にんにくは、シュッと簡単になめらかにつぶれてくれます。

少ししょっぱいと感じるぐらいに塩を入れた湯で、スパゲティをゆでます。２人分で１８０〜２００gを、表示よりも２分ほど短めにゆでます。スパゲティがゆで上がる少し前に、フライパンに、ペースト状にした新にんにくと、細かく刻んだ唐辛子１本分、オリーブ油適量を入れ、中火にかけて混ぜ、なじませます。オリーブ油は、にんにくを混ぜるとソース状になるぐらいの量です。

スパゲティがゆで上がったら、少量のゆで汁とともにフライパンに加え、弱火にかけて、にんにくが全体になじむように混ぜ合わせます。パルミジャーノを大サジ３〜４杯すりおろしてよく混ぜ、器に盛って、仕上げにもパルミジャーノをたっぷりとふります。

このスパゲティ、たまらないおいしさです。新にんにくの魅力にとりつかれること間違いなしです。

## ふきの葉っぱ

長らく海外に住んでいた家族が帰国して東京暮らしを始めて、とにかく喜んだのが、ふきの料理でした。

ふきと油揚げの炒め煮、ふきの葉っぱのふりかけ……昔から私が作ってきたおなじみの料理です。

「わぁ、懐かしい！」。あんなに喜ぶとは私も思いませんでした。

案外、こうした地味なおかずが、味の記憶として残るものなのだとあらためて思いました。彼らは海外に住んでいたときも、

年末には帰国して一緒におせち料理を作っていましたが、春を日本で過ごすのは何十年かぶりで、日本の春のひなびた味にひときわ郷愁を覚えたようです。

「ふきの葉っぱのふりかけもおいしかった！　これを作るために、昔住んでいた家の近くの八百屋さんでわざわざ葉っぱをもらっていたわよね」と私も忘れていたようなことを言い出します。

　そうそう、ふりかけを作るには葉っぱがいくらでも欲しいので、買い物ついでにもらっていたのです。一緒についてきた娘にはおもしろい光景に映ったようです。

「あの八百屋さんは楽しかった。♪へいへい、どうも〜はい、お願いいたします〜。１００円なり、80円なり、30円なり〜♪って、歌いながら頭の中で算盤を弾いて、お勘定を出してくれるのよね。あの独特のリズムは今でも覚えている」

　のどかな時代でした。人々の心持ちが大らかだったのでしょう。

　さて、それから世の中は急速に変わっていきましたが、春になれば私は変わらず、ふきの葉っぱのふりかけを作っています。葉っぱのついているふきを探して。

　でも、ピンチです。葉っぱのついているふきがいつまで手に入ることか。そもそも、生のふきがいつまで売られることか。みんなが料理をしなければ、市場から消えてしまうのです。長くてかさばるので、流通に手間がかかるのでしょう。買うほうも、持ち帰るのにかさばるし、下ごしらえが手間だからという理由で、葉つきのふきを買わなくなる。そうなると、お店も扱わなくなってしまいます。そうして豊かな食材が市場から消えていくのは、私たち消費者にも責任があります。

　次の春が来たら、大きな葉っぱのついたふきを買ってきて、料理をしてみませんか。使う人が増えれば、少しは流通に影響を与えられるかもしれませんから。

## もち麦をご存じですか？

　もち麦と出合ったのは数年前のこと。挽きたての小麦でパンを焼きたいと思い、小麦粉の原料となる玄麦（玄米ならぬ玄麦です）を探していたところ、北海道に無農薬で玄麦を栽培している農家さんがいることを知りました。

　その農家さんの畑を訪ねてみると、もち麦も作っているとのこと。もともと家族の健康のために作っていたもち麦で、ネット販売もしてみたら人気商品になってしまったのだそう。私にはもち麦の知識はありませんでしたが、もち麦を食べるようになるとからだがすっきりして、とても体調がいいという話も聞こえてきます。それで私も食べてみると……おいしくて、これはいいわね、と気に入ってしまいました。

もち麦は名前の通り、もちもちぷちぷち、とした食感の穀物です。玄米と同じく、イタリアのスペルト小麦を思わせる食感でもあります。それで私のことですから、ご飯に混ぜて炊くのが一般的なもち麦を、いろいろな食べ方で楽しんでいます。

もち麦をたっぷりのお湯で20～30分ゆでます。ゆで時間によって柔らかさが違いますので、好みのゆで加減にすればよいのです。そのままでもいいのですが、ゆでるとぬめりが出て、私はあまり好きではないので洗い流してしまいます。こうして洗ったもち麦を容器に入れて冷蔵庫にストックしておけば、好きなときに好きな食べ方で楽しむことができます。

たとえば私は、ゆでたもち麦と甘味をつけずにゆでた小豆を器に入れて、ミルクをかけて食べるのが好きです。そのままでもいいですし、甘味が欲しければメープルシロップをたらしても。朝食にぴったりです。

アサリとにんにくと半分に切ったミニトマトと水を鍋に入れて煮ます。貝のカラが開いたら、ゆでたもち麦を入れてさっと煮て、オリーブ油と粗塩をかけて食べるのも最高においしい。これはイタリアではスペルト小麦で作るスープです。

もち麦と白米を合わせて普通に炊き、ひき肉のスパイス炒めをかける中東風の料理もおすすめです。もち麦と白米を合わせ

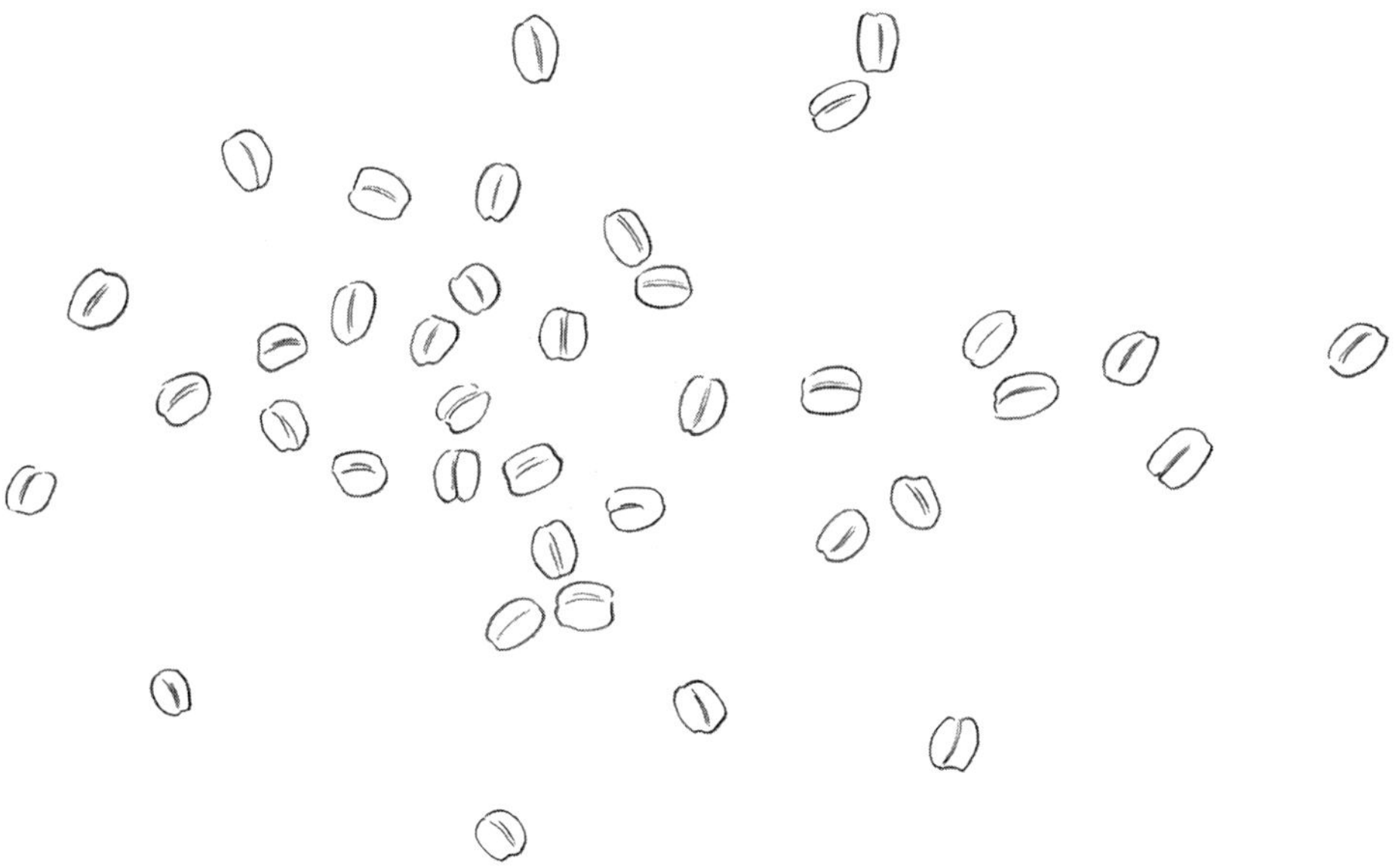

て、おかゆを炊くのも好きです。軽く済ませたい夜はこのおかゆと、冷蔵庫から出した常備菜で充分に満ち足ります。

こんなふうに最近の私は、朝昼晩のいずれか一食にもち麦を使っています。特にダイエットをしているつもりはないのですが、気づかぬうちにすっきりしています。胃腸の調子がいまひとつだった人は、まずそこから整っていくようです。悪玉コレステロールの数値が下がったとか、よく眠れるようになったとか、まわりにもたくさん、もち麦の効果を実感している人がいます。

私にとっては、おいしくて、からだの中も外もすっきりするもち麦ですが、もちろん「もち麦は苦手」という方もいらっしゃいます。好みに合ってご興味があれば、一度試してみるといいかもしれません。

## 重石がごろん

毎年、初夏になる前に、うちのスタジオでぬか床教室を開きます。気温が上がってくると、ぬか床の中の菌類の働きが活発になるので、ぬか漬けを始めるのに一番いい時季なのです。それに、きゅうりやなすなど、ぬか漬けに向く野菜がどんどんおいしくなる季節でもあります。

ぬか漬けは、ぬか床の中の乳酸菌や酵母などの働きで、野菜が発酵して、酸味やうま味をもたらしてくれる発酵食です。夏の朝にみずみずしいぬか漬けをかじれば、暑さに疲れたからだがしゃんと元気になる感じがします。冬の寒い日、ビーフシチューの箸休めにぬか漬けを食べれば（この組み合わせも私は好きなのです）、口の中がさっぱりとリセットされるようです。

そして、おいしいだけでなくて、ぬか漬けを作るのは楽しいのです。

もちろん、ぬか床を毎日かき混ぜて「お世話」をしなければならない手間はあります。でもそうやって、目に見えない菌類と付き合い、彼らの力を借りて野菜をおいしくするという行為は、何よりもサステナブルなことだと私には思えます。

私のぬか床は、母から受け継いだものがベースで、50年以上前からのものです。母は実家の裏に漬物小屋を持っており、ぬか漬けをはじめ、梅干し、たくあん、らっきょう、白菜漬け、からし菜漬け……ありとあらゆる漬け物を作っていました。

漬物小屋は敷地の北側にある冷暗所です。野菜を洗うための井戸があり、床はたたきで、水をそのまま流せるようになっていました。

母は漬け物を木樽で漬けていました。野菜に塩をして、木樽の上のほうまでぎっしりと詰め込み、上に重石として大きな石をいくつかのせます。今のような専用の製品ではなく、当時は自然石ですから、きちんと重ねるのは相当難しいわけです。

　野菜から水が出てくると、ぎっしりと平らに詰めていた野菜がしんなりとしてきて傾きます。すると石がごろんと下に落っこちる。ごろん、という大きな音が夜中に漬物小屋から聞こえると、床に就いていた母はすくっと起き上がって、石を直しに行くのです。その、ごろん、ごろごろと石の落ちる音はいまだに私の耳の奥に残っています。

## 私のぬか床

　ぬか床は不思議です。ご存じのように、ぬかは米を精米するときに出るもので、ほとんど捨てられてしまうのはもったいないことです。ぬかを土に混ぜると、よい微生物が増えてくるのだそうです。ぬかは、土の改良から肥料、飼料と使い道はごまんとある素晴らしい存在です。

　そのぬかを利用して、塩や水を混ぜて作るのがぬか床です。野菜を漬け続けるうちに、乳酸菌や酵母が働き出して、おいしいぬか漬けができるのです。なんという発明、いや、発見でしょうか。人間は昔からこうして、自然界のものの力を借りて、生命をつないできたんですね。素晴らしいことだと思います。

　私が使っているぬか床鉢は白い陶器製で、陶芸家の高久敏士《たかくさとし》さんに作っていただいたもの。本当は大きな甕《かめ》などで、たっぷりのぬかで漬けたほうがおいしく漬かるのでしょうが、一人なのでたくさんは食べきれません。それに昨今の夏場の猛暑日は、ぬか床も冷蔵庫に入れたほうが安心です。なので冷蔵庫に入るサイズで作っていただきました。

　ぬか床鉢は、いつもはシンクのすぐ脇に出しっぱなしにしています。目に入る場所に置いておけば、かき混ぜるのを忘れませんから。かき混ぜるときは、ぬか床をシンクの中に下ろして、腕を突っ込んで一所懸命にかき混ぜます。シンクの中でかき混ぜれば、ぬかがこぼれてもすぐに洗い流せます。

　私は一度に30回かき混ぜるのをめやすにしています。毎日なら30回ですが、かき混ぜるのを怠ったときは１００回くらい。かき混ぜやすいように、ぬかをいったん大きなボールに移してから、「放っておいてごめんね」という気持ちで、気が済むまでかき混ぜることもあります。

　乳酸菌と酵母の両方がバランスよく活発に働いてくれることが、おいしいぬか漬けを作るためには必要です。だから毎日、できれば朝晩二回せっせとかき混ぜて、菌たちが元気に働いてくれるようにするのです。

　乳酸菌と酵母の働きが悪くなると、腐敗菌が繁殖して、最悪の場合はぬか床がダメになってしまうこともあります。でも、よっぽどのことがない限り、ぬか床は悪くなりません。野菜を漬けるのをお休みしたり、冷蔵庫や冷凍室（冷凍も可能です）にぬか床を入れて休ませる期間があったとしても、たいていの場合は一所懸命かき混ぜることを続けて回復させることができます。だから、うちのぬか床は50年以上も続いているわけです。そのベースは母からですから、１００年は優に経っています。老舗の料亭などでも１００年、２００年と続くぬか床を持っていたりしますよね。

　そんなに長い年月、子や孫の代まで伝えることができて、ダメになりかけても再生可能なのが、ぬか床という優れた「装置」なのです。人知を超えるような、小さな自然界がそこにある気がします。都会暮らしで自然に触れられない……と嘆いている方こそ、ぬか床を持ってみるといいと思うのです。ぬか床を持つと、気温や湿度や野菜の旬などに敏感にならずにはいられません。この世界でえらいのは人間ではなくて、目に見えない生き物もたくさんいて、彼らと一緒に生きているんだ、ということが肌で感じられます。

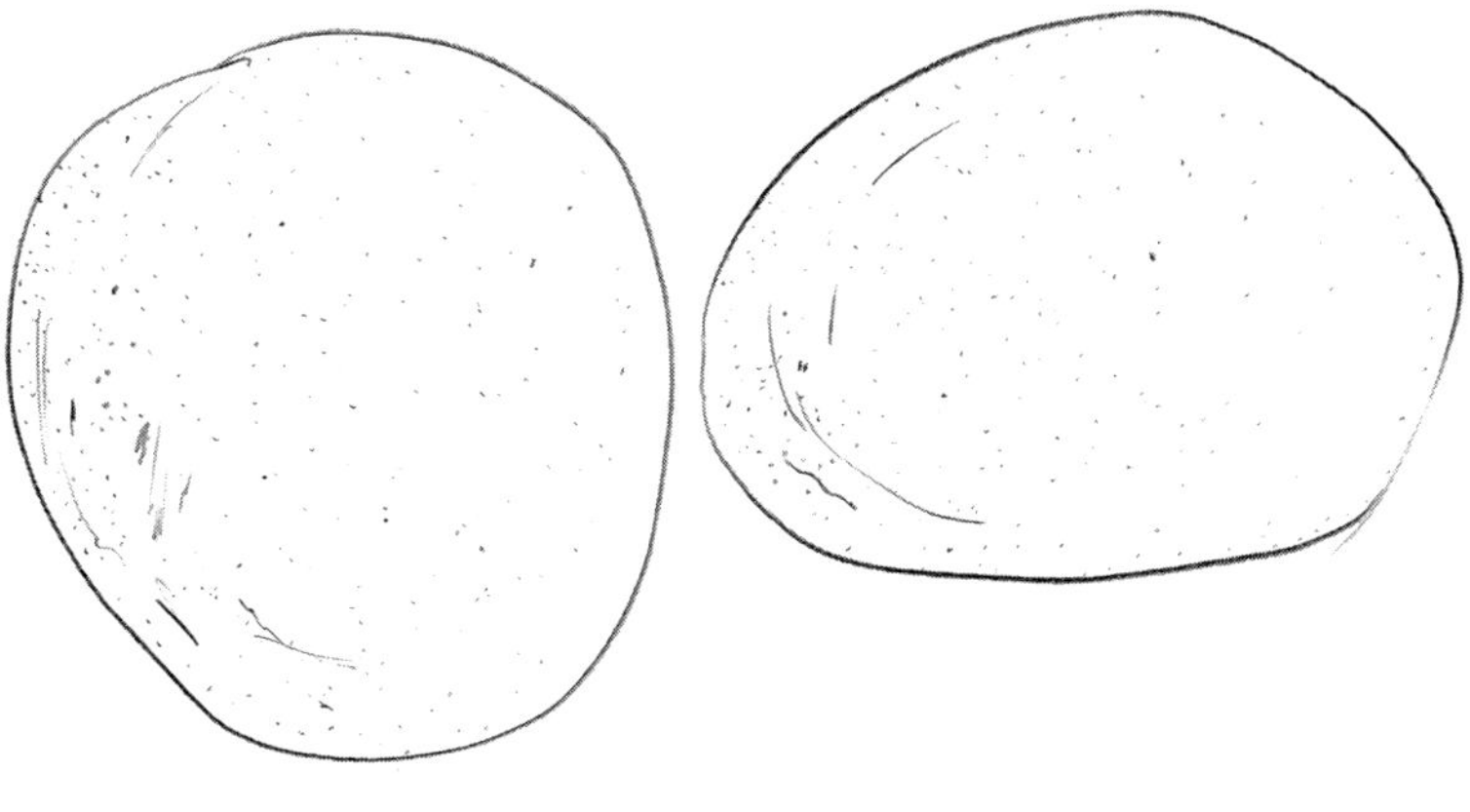

# 夏

## かぶりつくだけでおいしい野菜を見つけましょう

よくできたもので、暑くて汗をかいて水分を必要とする夏に採れる野菜や果物は、水分をたっぷり含んでからだの熱を冷ますものばかり。トマト、なす、きゅうり、すいか、桃……。昔は井戸水で冷やしたすいかに塩をつけて食べたりしていましたが、自然の甘味を含んだ水分と塩の組み合わせですから、それこそ暑さ対策にぴったり。電力を使ってキンキンに冷やした自動販売機のスポーツドリンクよりも、子どものころに食べていたものは、人のからだにも環境にも優れた知恵の食事だった気がします。「野菜本来の味」と昔の野菜をご存じの方は言いますが、今の時代でも「野菜本来の味」のする野菜は作られていると思うのです。

たとえば私がよく訪れる長野の直売所には、近隣のさまざまな農家から採れたての野菜が運び込まれます。ここで、お盆過ぎに買えるトマトは、ずっしり重くて真っ赤で、甘すぎず、青くささもあって、まさに昔食べていたトマトの香りと味がします。収穫後に追熟するのではなく、畑の上で赤く熟したトマトだそうです。

思うのですが、「食事」って食べることだけではないですよね。食材を見つけたり、食卓をすてきにしつらえたり、後始末まで含めてが「食事」、すなわち「食べる事」です。

最近は都市部でも、地方のアンテナショップがあったり、スーパーに産直コーナーが設けられていたりします。もちろん家の近くで買えるのが一番ですが、インターネットでもよいものを探すことができます。鼻を利かせて、おいしい夏の野菜をご自分で探してみてください。そこから、「食事」が豊かに開けていきます。

真っ赤に熟したお盆過ぎのトマトは昔ながらのおいしさ。肉厚なピーマン。長野の伝統野菜「ぼたごしょう」はピーマンによく似ていて、ピリッと辛く、ピーマンと混ぜて使うと楽しい。果肉が柔らかい丸なす。色むらのある露地もののきゅうりは、かじると、ぷんと青い香り。

ピーマンと牛肉の細切り炒め（青椒肉絲）

作り方は52頁

トマトと牛肉の細切り炒め

作り方は54頁

玉ねぎと牛肉の細切り炒め 作り方は54頁

なすと牛肉の細切り炒め 作り方は54頁

# 野菜と牛肉の炒めもの

覚えておくと、とても便利なおかずをご紹介しましょう。「野菜と牛肉の炒めもの」です。「ピーマンと牛肉の細切り炒め（青椒肉絲）」という中国料理がありますが、要はこの料理の作り方で、牛肉の相手である野菜を変えていくだけ。トマト、玉ねぎ、なす、キャベツ、冬ならきのこ、れんこん、白菜、じゃがいも……ほとんどの野菜で作ることができて、↖

## 牛肉の下味

どんな野菜が相手でも共通です。

**材料**（4人分）

牛うす切り肉（4㎜ほどの厚さ。ランプなど、ローストビーフにするような脂の少ない部位）　200g

［下味］

にんにく（すりおろし）　1片分

＊しょうがのすりおろしに代えても

酢　大サジ1杯

砂糖　大サジ1杯

ごま油　大サジ1杯

片栗粉　大サジ1杯

コショー　少々

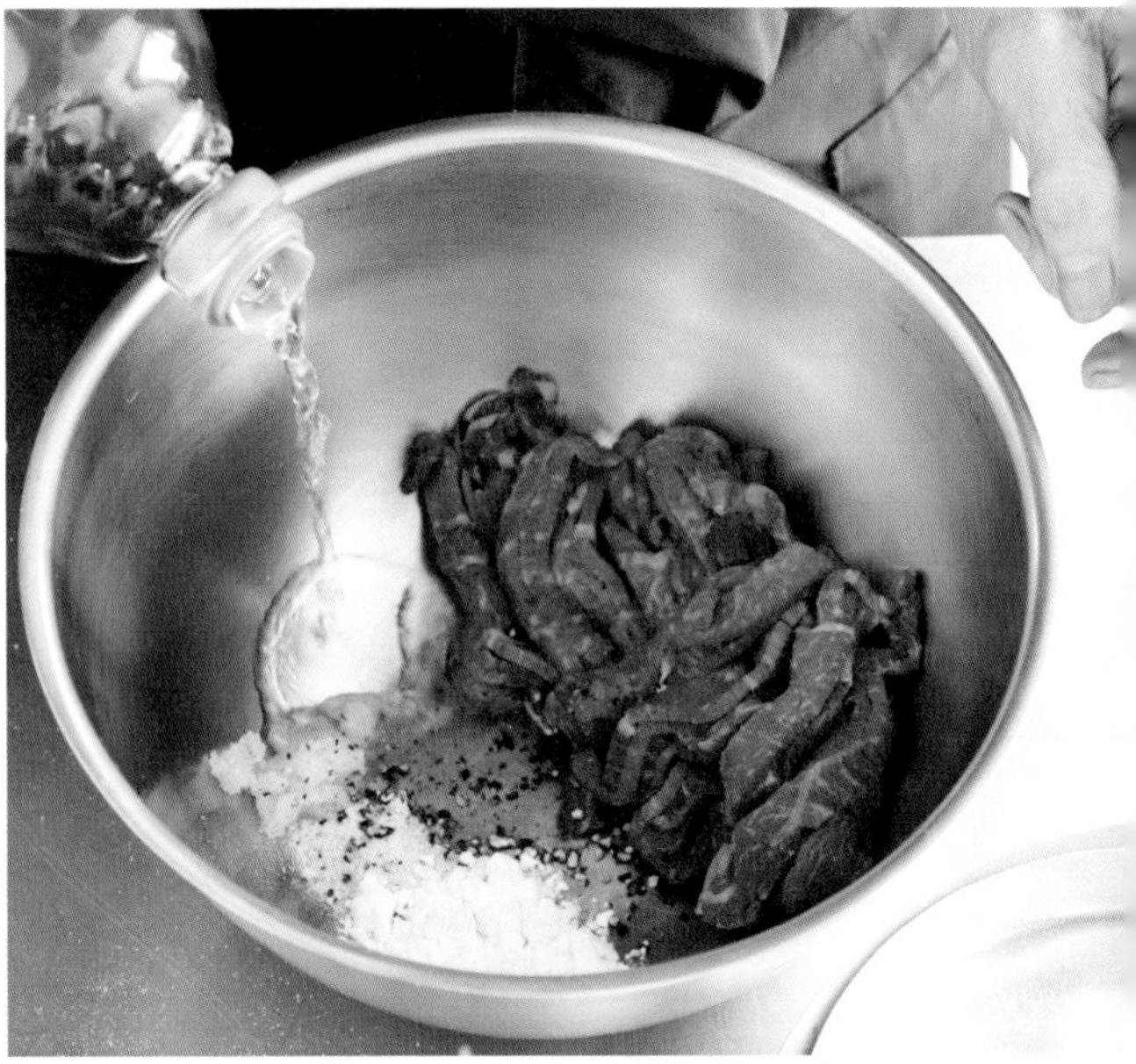

## ピーマンと牛肉の細切り炒め（青椒肉絲）

**材料**（4人分）

［下味］をつけた牛肉　200g

ピーマン　5コ

太白ごま油　大サジ2〜3杯

塩　少々

A

豆板醤　小サジ1杯

オイスターソース　大サジ1杯弱

しょう油　大サジ½杯

＊豆板醤、オイスターソース、しょう油の割合は好みで調整してください

どれも「野菜がおいしい」のです。

　牛肉の下味の調味料は、どんな野菜が相手でも共通です。２００gの牛肉に対して、にんにくのすりおろし1片分、酢、砂糖、ごま油、片栗粉をすべて大サジ1杯ずつですから覚えやすいでしょう？　下味に塩やしょう油といった塩分を入れませんから、肉から水気があまり出ず、下味をつけた状態で冷蔵庫に一晩程度おいても大丈夫。つまり翌朝のお弁当作りにもうってつけというわけです。

牛肉はやや太めの細切りにします。ボールに入れて下味の調味料をよくまぶしつけ、そのまま15分ほどおいて味をなじませます。

＊塩気が入っていないので下味をつけた状態で冷蔵庫に入れておき、翌日炒めても大丈夫です。

**1**　ピーマンはヘタとワタを除き、タテにやや太めの細切りにします。

**2**　中華鍋を強火で熱して、太白ごま油大サジ1杯をひき、ピーマンを入れてさっと炒め、塩少々をふって、バットに重ねた角ザルに取り出し、余分な水分を落とします。

**3**　（2）の中華鍋に太白ごま油大サジ1～2杯をひき、牛肉を広げて入れます。中火で焼いて、途中で返し、肉に火が通ったら鍋の中心を少し空けます。ここにAを入れ、弱めの中火にかけながら調味料を混ぜて香りを立てます。肉に味をからめるように炒めます。

**4**　鍋に（2）のピーマンを戻し入れ、さっと炒め合わせます。

## トマトと牛肉の細切り炒め

生のトマトを最後に加えます。トマトは炒めすぎは禁物で、少し温まった程度で肉と一緒に食べるのがおすすめです。

**材料**（4人分）
[下味]をつけた牛肉　200g（52頁参照）
トマト　3～4コ
太白ごま油　大サジ1～2杯
A
豆板醤　小サジ1杯
オイスターソース　大サジ1杯弱
しょう油　大サジ1杯弱
＊豆板醤、オイスターソース、しょう油の割合は好みで調整してください

**1**　トマトはヘタを取り、タテに4つ割りにします。
**2**　中華鍋に太白ごま油をひき、牛肉を広げて入れます。中火で焼いて、途中で返し、肉に火が通ったら鍋の中心を少し空けます。ここにAを入れ、弱めの中火にかけながら調味料を混ぜて香りを立てます。肉に味をからめるように炒めます。
**3**　トマトを加え、強めの火加減でトマトと牛肉をさっと炒め合わせます。トマトの表面に味がからむ程度に炒めるのがポイントです。

## 玉ねぎと牛肉の細切り炒め

玉ねぎを先に中華鍋で焼きつけます。なるべく触らずに焼き色をつけたら取り出し、次に牛肉を炒めて、味つけしたところへ玉ねぎを戻し入れます。調味料の味があまりついていない、甘味のある玉ねぎと、しっかり下味がついた牛肉を一緒に食べるのがおいしいのです。

**材料**（4人分）
[下味]をつけた牛肉　200g（52頁参照）
玉ねぎ　1～2コ
太白ごま油　大サジ2～3杯
A
豆板醤　小サジ1杯
オイスターソース　大サジ1杯弱
しょう油　大サジ1杯弱
＊豆板醤、オイスターソース、しょう油の割合は好みで調整してください

**1**　玉ねぎはタテ半分に切り、幅1cmほどのクシ形に切ります。根元を切り落とし、バラバラにします。
**2**　中華鍋を熱して、太白ごま油大サジ1杯をひき、玉ねぎを入れます。すぐに触らずにしばらくほうっておいて、少し焼き色がつい

## なすと牛肉の細切り炒め

素揚げしたなすと牛肉を炒め合わせます。なすは、少なめの高温の油で1本ずつ揚げると、手早くおいしく作れます。

**材料**（4人分）
[下味]をつけた牛肉　200g（52頁参照）
なす　4本
揚げ油　適量
太白ごま油　大サジ1～2杯
A
豆板醤　小サジ1杯
オイスターソース　大サジ1杯弱
しょう油　大サジ1杯弱
＊豆板醤、オイスターソース、しょう油の割合は好みで調整してください

**1**　中華鍋の底から5cmほどの深さに揚げ油を入れ、中火にかけます。なす1本のヘタを切り落とし、大きめの乱切りにします。ヘタを油の中に落としてみて、シュワシュワと泡が出るぐらいの高温になったらなすを入れ、切り口が色づくぐらいに揚げて取り出し、油をきります。残りのなすも1本ずつ、高温の油でさっと素揚げして、バットに重ねた角ザルに取り出します。
**2**　中華鍋の揚げ油をきって中火にかけ、太

たら返します。おいしそうな焼き色がつき、歯ごたえが残る程度に軽く炒めた状態で、バットに重ねた角ザルに取り出します。

**3** (2)の中華鍋に太白ごま油大サジ1~2杯をひき、牛肉を広げて入れます。中火で焼いて、途中で返し、肉に火が通ったら鍋の中心を少し空けます。ここにAを入れ、弱めの中火にかけながら調味料を混ぜて香りを立てます。肉に味をからめるように炒めます。

**4** 鍋に玉ねぎを戻し入れ、さっと炒め合わせます。

白ごま油をひき、牛肉を広げて入れます。中火で焼いて、途中で返し、肉に火が通ったら鍋の中心を少し空けます。ここにAを入れ、弱めの中火にかけながら調味料を混ぜて香りを立てます。肉に味をからめるように炒めます。

**3** 鍋に素揚げしたなすを加えて、さっと炒め合わせます。

# 素麺とかき揚げ

素麺
麺つゆ 作り方は58頁
薬味
じゃこと桜えびのかき揚げ 作り方は59頁

作りたての麺つゆはすっきりとしたうま味。自分の好みの味に作った手作りの麺つゆで素麺をいただくと、からだの中に芯が通るような心地よさがあります。わが家では薬味をたっぷり用意します。長ねぎは白い部分をうすい小口切りにして、サラシで包んで冷水で数回洗い、ぎゅっと水気をしぼります。青じそはタテ半分に切り、重ねて繊維を断つようにせん切りにします。サラシで包んで、ボールの中で水を数回取り替えながら洗い、水が茶色くなくなればアクが抜けた証拠。ぎゅっと水気をしぼります。それから、うちではなぜか昔から油揚げも薬味に欠かせません。あられに細かく切った油揚げを、麺つゆにつけて食べるのは実においしいものです。

# 麺つゆ

麺つゆを作るのはたやすいこと。市販のものとは比べものにならない香りのよさとうま味ですので、ぜひお作りになってください。

いろいろな作り方がありますが、私が好きなのは厚削り節といりこ（関東名は煮干し）を使う、強い味わいの麺つゆです。かつおなどのうす削り節でとるお吸いもの用などのダシは雑味が出るので煮出しませんが、厚削り節はグツグツと煮出して使うのです。とてもコクの出る食材です。いりこも必須です。

煮出す時間で、麺つゆの濃さが変わっていきます。素麺にはややマイルドな麺つゆがおいしく、そばのつけつゆなら濃いめがおいしい。ご自分で好きな濃さに作っていただいて結構です。私は麺つゆはいつも多めに作って、冷蔵や冷凍で保存しています。

**材料**（作りやすい分量）

水　1ℓ

昆布　5cm角2枚

かつお厚削り節　3つかみ

いりこ（頭とワタを取り除き、身を2つに裂いたもの）　2つかみ

みりん　カップ1杯

しょう油　カップ1杯

**1**　鍋に材料をすべて入れます。

**2**　強めの中火にかけて煮出します。沸いてきたら、弱めの中火にして、途中で味をみて自分の好きな濃さになるまで煮ていきます。元の量の8割程度に煮詰めます。

**3**　ボールに浅ザルなどをのせ、水でぬらしてかたくしぼったサラシをかぶせます。ここに(2)をお玉ですくって移します。すべて移したら、サラシの四方を持ち上げてダシガラを包み、そのままおいて自然に漉します。

＊サラシは使う前に必ず水にぬらします。これをしないと、おいしいつゆをサラシが吸ってしまいますから。

＊ダシガラを押すなどしないで、自然に汁気がきれるのを待ちます。

**4**　氷水にボールの底を当てて冷やします。すぐに使わない分は、煮沸消毒したビンなどに移して冷蔵します。1週間ほど保存可。

# じゃこと桜えびのかき揚げ

乾物のちりめんじゃこと桜えび、買い置きのもので作れるかき揚げです。素麺のときは肉や魚のおかずが不足気味ですので、小魚のかき揚げがちょうどいいのです。

このかき揚げは低い温度からじっくり揚げて、カリッとしてきたら返すだけでよく、油ハネもほとんどしないので、揚げもの初心者にもおすすめです。冷めてもおいしいひと品。

**材料**（3〜4人分）
ちりめんじゃこ　50g
桜えび　18g
玉子　1コ
薄力粉　適量
揚げ油　適量

**1**　ボールにちりめんじゃこと桜えびを入れます。玉子を割り入れ、箸で溶きながら、ちりめんじゃこと桜えびに混ぜます。

**2**　薄力粉を大サジ1杯ずつ、（1）に加えて混ぜます。そのつど箸でよく混ぜます。つまんでみたとき、タネがバラバラにならないぐらいに薄力粉を加えて混ぜます。

＊薄力粉はトータルで大サジ3杯ぐらいがめやすです。

**3**　スプーンでひと口大の量のタネを取ります。低温の揚げ油に入れて、ゆっくりと揚げます。表面がカリッとしてきたら返し、全体をカリカリに揚げて、油をきって引き上げます。いったん火を止めて、油の温度を下げてから、残りのタネも同じように揚げます。

# ご飯がすすむ夏のおかず

トマト、なす、きゅうり、ピーマン、さやいんげん、ししとう。夏の野菜はみずみずしくて本当においしくて大好きです。夏はこうした野菜をくり返しくり返し、毎日食べていればいい――。そう思います。ほうれん草や小松菜などの葉野菜は、夏は元気がないし、栄養もきっと少ないから、無理に食べなくてもいいんじゃない？　秋になっておいしくなったら食べましょう、と、そんなふうに旬を考えています。

子どものころ、母がよく作ってくれたトマトのサラダがあります。ひとつは、ざく切りにしたトマトと、塩もみしたきゅうりと玉ねぎを合わせて、しょう油味のドレッシングで和えたもの（トマトときゅうり、玉ねぎのしょう油ドレッシング→作り方は64頁）。もうひとつは、トマトを厚い輪切りにして、玉ねぎのみじん切りたっぷりのドレッシングをのせたもの（厚切りトマトの玉ねぎドレッシング→作り方は64頁）。私は小さなころは食が細かったのですが、母が作ってくれるトマトのサラダのときは、ご飯もたっぷり食べたものです。それで母がよく作ってくれたのです。今も大好きでよく作ります。

炒めものもお椀も、夏は夏の野菜で作りましょう。塩やしょう油や酢の味をいつもより少し強めに効かせるのも、暑くて汗をかく季節のおいしさのコツ。私は、いわゆるカレーライスは作らないのですが、その代わり、夏野菜とご飯がたっぷり食べられる、とっておきのカレー味のおそうざいもあります。

元気な野菜のおかずでご飯を食べましょう。

焼きなすとみょうがのみそ汁

作り方は66頁

トマトと牛肉の細切り炒め

作り方は54頁

# トマトときゅうりのカレーご飯

暑い季節にはカレー味が恋しくなります。みんなが好きなカレー味の肉みそのようなものを作って、塩もみした野菜や生のトマトと一緒にご飯にのせていただきます。

この食べ方は、すっきりさっぱりとしていて、蒸し暑い日にぴったりです。ひき肉に加えるスパイスに決まりはなくて、カレー粉だけでもいいし、ターメリック、コリアンダー、カルダモンなど好みのものを好きなだけ入れてOKです。スパイスを効かせたほうが、私はおいしいと感じます。辛さはカイエンペッパーで調節します。

ポイントはしょう油で味つけすること。しょう油が入ることで、アジア風のご飯のおかずになり、生野菜ともなじみがよくなります。白いご飯でも、もち麦入りのご飯でもいいですが、玄米ご飯と合わせるのが私は好きです。「玄米、野菜、肉」が夏の元気の素です。

**材料**（2人分）

［カレー肉みそ］作りやすい分量

豚ひき肉　300g
オリーブ油　適量
にんにく（みじん切り）　1片分
玉ねぎ（みじん切り）　小1コ分
＊以下のスパイスは種類も加える量も好みで
シナモンスティック　1本
クローブ（ホール）　6粒ぐらい
クミンシード（ホール）　大サジ1杯弱
唐辛子（小）　2〜3本
カイエンペッパー　小サジ1〜2杯
ターメリック　大サジ1杯
カレー粉　大サジ2〜3杯
コショー　少々
しょう油　大サジ3杯ぐらい
塩　適量

トマト　2コ
きゅうり　2本
赤玉ねぎ（または玉ねぎ）　1コ
玄米ご飯　2人分

**1**　きゅうりは幅5㎜の小口切りにします。赤玉ねぎはタテ半分に切って、厚さ5〜6㎜に切ります。一緒にボールに入れて、多めに塩をふり、しばらくおきます。

**2**　鍋の底に流れるぐらいのオリーブ油をひき、シナモンスティック、クローブ、クミンシード、唐辛子を弱火で炒めます。香りが立ったら、にんにく、玉ねぎを加え、炒め合わせます。

＊ホールスパイスは最初から炒めて、香りをじっくり引き出します。

**3**　ひき肉を加えて、ほぐしながらよく炒めます。

＊ここでしっかり炒めることが大事です。炒め方が足りず、ひき肉の中に水分が残っているとおいしくできません。

**4**　ひき肉から出る汁気が透明になってきて、パチパチという音がしてくるまで、ひき肉を充分に炒めます。カイエンペッパー、ターメリック、カレー粉を加えて、コショーをふって炒め合わせます。

＊カイエンペッパー、カレー粉などのパウダー状のスパイスは、肉をしっかり炒めたところへ加えます。

**5**　（4）のひき肉を少しよけて鍋底を出し、そこへしょう油をたらします。木ベラで全体に混ぜます。味見をし、塩を加えてほどよい塩加減にします。

**6**　（5）に水をカップ1杯ぐらい加えて、弱火で少し煮込みます。混ぜながら煮て、水分がなくなったらカレー肉みその完成です。

＊水を加えて煮込むことで、ひき肉に香りと味がしみていきます。煮込みながら味をみて、物足りないようならば好みのスパイスを追加で加えても。

**7**　（1）の野菜をざっと洗って塩分を落とし、水気をしぼります。トマトをひと口大に切って混ぜ合わせます。

**8**　玄米ご飯を器に盛り、（6）のカレー肉みそをかけて、（7）の野菜をたっぷりのせます。

# トマトときゅうり、玉ねぎのしょう油ドレッシング

きゅうりと玉ねぎは塩もみすることで、とても食べやすくなります。しょう油の風味で、ご飯に合うおかずサラダです。

**材料**(3～4人分)
トマト　2～3コ
きゅうり　2本
玉ねぎ　1コ
青じそ　10枚ぐらい
塩　大サジ½杯ぐらい(きゅうりと玉ねぎ用)
太白ごま油　大サジ2～3杯
酢　大サジ1杯
しょう油　大サジ1杯弱

**1**　きゅうりは厚さ5～6㎜の小口切りにします。玉ねぎは幅7～8㎜のクシ形に切ります。
**2**　ボールに(1)を入れ、塩をします。しんなりするまで20分ほどおき、軽く水気をしぼります。
**3**　トマトはざく切りにして、(2)に入れます。太白ごま油、酢を加えて混ぜ、しょう油で味をととのえます。
**4**　器に盛り、青じそを大きめにちぎってのせます。

# 厚切りトマトの玉ねぎドレッシング

持つとずっしり重たい、大きなトマトで作りたいサラダです。そうしたトマトは、お盆過ぎに出回るようです。形は悪くても、直売所などで昔ながらの味わいのトマトを見つけると、まずはこのサラダでいただきます。

**材料**(2人分)
トマト　大2コ
玉ねぎ　1コ
米酢、太白ごま油　各大サジ3～4杯
塩、粗挽き黒コショー　各適量

**1**　玉ねぎはなるべく細かいみじん切りにします。ボールに重ねたザルに入れて水でしっかり洗い、サラシに包んでぎゅっとしぼります。
**2**　ボールに(1)を入れ、酢と油を加えてよく混ぜ、塩・コショーで味をととのえます。
**3**　トマトは厚さ1～1.5㎝の輪切りにして器に並べます。(2)のドレッシングをたっぷりのせます。

# ピーマンのきんぴら

とてもシンプルな料理ですが、私のまわりの人はみんな、このピーマンのきんぴらが大好き。ピーマン15コで作っても、2〜3人でぺろりと食べてしまいます。塩むすびととてもよく合うので、お昼に塩むすびと玉子焼きとピーマンのきんぴら、という献立もよく作ります。

**材料**（2〜3人分）
ピーマン　10〜12コ
＊写真はぼたごしょう4コを取り混ぜて使用
オリーブ油（または米油など）　大サジ2〜3杯
しょう油　大サジ2〜3杯
＊しょう油はできればコクのあるものを。よりおいしくできます

**1**　ピーマンはヘタの際からペティナイフや庖丁を入れて、タテに幅2〜3cmほどに切ります。
＊こうしてタテにむくようにして切ると、最後にヘタとワタだけが残り、種が散らばりにくいのです。
**2**　深めの鍋にピーマンを入れ、油を加えて混ぜ、強火で炒めます。
**3**　油がまわってきたら、しょう油を加え、火を弱めてよく味をからめます。
＊アツアツのできたてがおいしいですが、冷ましてもまた別の味わいに。作り置きして、2日間ほどおいしくいただけます。
＊ピーマンにそっくりな「ぼたごしょう」は、唐辛子の辛さとピーマンの甘味を併せ持つ野菜です。ぼたごしょうを見かけたら、ピーマンと合わせてきんぴらを作るのも楽しいものです。

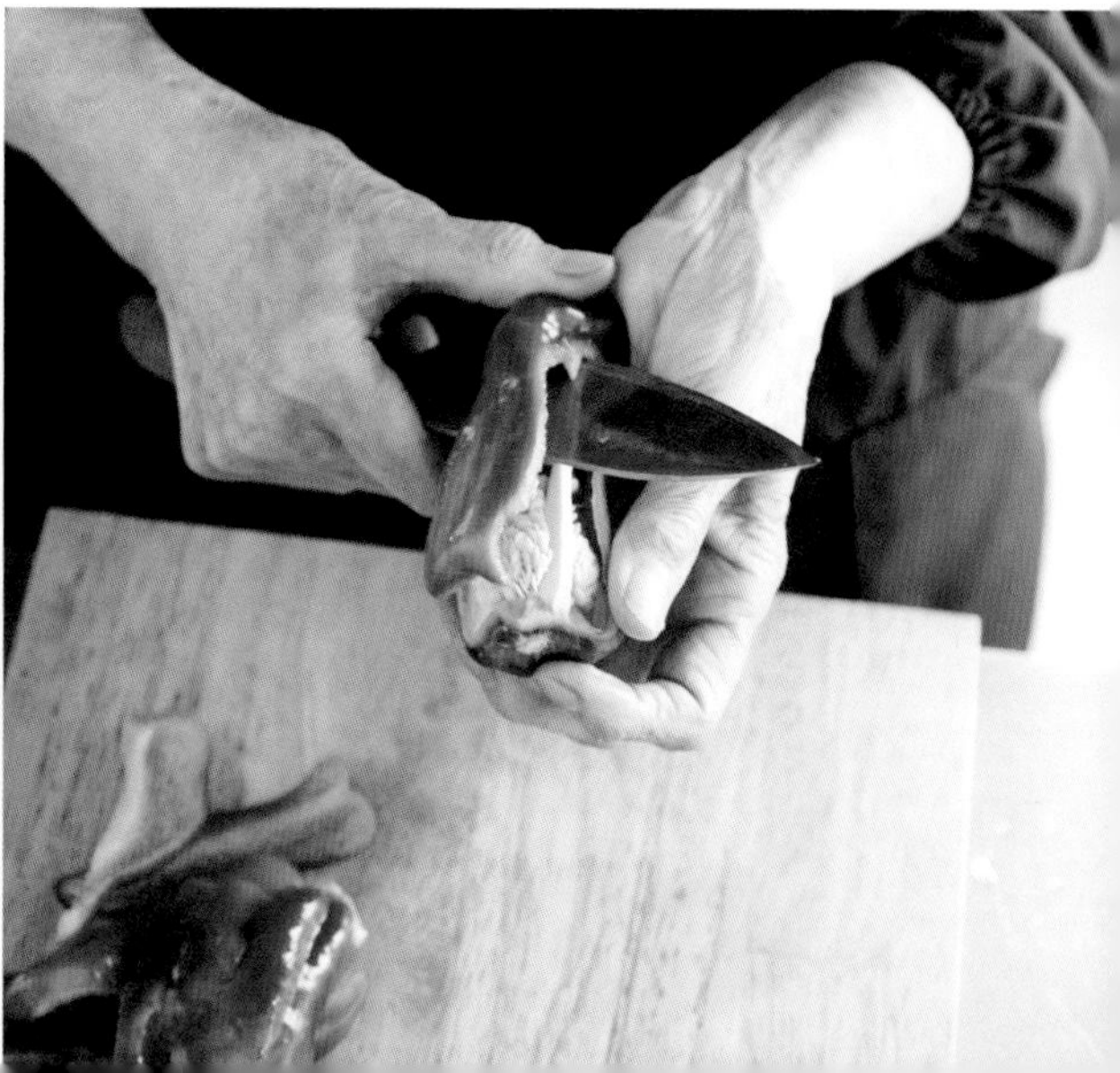

# 焼きなすとみょうがのみそ汁

なすの皮が焼けた芳ばしい香り、トロンとした舌触りがたまらないみそ汁です。夏になると必ず作ります。一人分になす1本が入る豊かさなので、ふだんの食事にはもちろん、人をお招きするときにも向くお椀です。

**材料**（2人分）
なす　2本
みょうが　2～3本
ダシ　カップ2杯
　＊ダシのとり方は19頁を参照
みそ　大サジ1～2杯

**1**　みょうがは小口切りにして、冷水にさらしてから、サラシに包んで水気をしぼります。

**2**　焼きアミか魚焼きグリルを使って、なすを焼きます。強火にかけてなすを返しながらじっくりと焼きます。まわりが焦げて、なすを押してみて中心まで柔らかくなっていたら、火から下ろしてまな板の上に置きます。

**3**　なすのヘタを切り落とし、切り口から竹串を入れて、皮をスーッと引くようにむきます。実も竹串でタテに大きめに裂き、長さを半分に切ります。

**4**　小鍋にダシを温め、みそを溶いてみそ汁を作ります。

**5**　椀に焼きなすを入れ、みそ汁を静かに注ぎ、みょうがをのせます。

# むらくも汁

叢雲《むらくも》とは、集まりむらがった雲のこと。すまし汁に溶き玉子を浮かべた汁の見た目が、叢雲のように見えることから、この名前がついています。上手に作るコツは3つ。①ダシにほんの少しの水溶き片栗粉を加える。②フツフツとしている汁に玉子液を入れ、ごく弱火で火を通す。③玉子を入れたら手を出さない。玉子が固まる前に混ぜると、汁がにごってしまうからです。

**材料**（2人分）

ダシ　カップ2杯

＊ダシのとり方は19頁を参照

塩、しょう油　各少々

玉子　2コ

みょうが　2本

［水溶き片栗粉］

片栗粉　小サジ½杯

水　大サジ2杯

**1**　玉子をボールに割り入れて、菜箸を前後に素早く動かし、よくほぐします。

＊玉子液は菜箸でぐるぐると回して混ぜないこと。箸を前後、左右に動かして、玉子の白味を切るようにほぐします。

**2**　みょうがはタテ半分に切り、切り口を下にして置き、端から細切りにします。

**3**　水溶き片栗粉を作ります。

＊水溶き片栗粉は全量入れなくても。トロミがついているかどうか、わからないぐらいの少量を加えます。

**4**　小鍋にダシを温めて、しょう油を数滴たらして香りをつけ、塩で味をととのえます。

＊しょう油はほんのうっすらと色づく程度に入れます。塩味は塩でつけます。味見をして、ご自分の舌で味を決めてください。

**5**　（4）に水溶き片栗粉を2回ぐらいに分けて入れ、そのつどお玉で混ぜます。再び煮立ってきたら、みょうがを加え、火をできるだけ小さくして、玉子液を細くたらして少しずつ流し入れます。触らずに玉子が固まるのを待ち、椀によそいます。

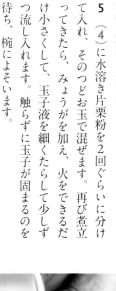

# さやいんげんのにんにくおかか和え

うちで昔から作っている、なんていうことのないおかずです。こういうものが一番、ご飯がすすむんですよね。さやいんげんの出盛りのころは、ちょうど新にんにくの時季でもあります。新にんにくで作ると、よりフレッシュなおいしさです。

**材料**（2〜3人分）
さやいんげん　2パック
にんにく（新にんにく）　1片
しょう油　大サジ1杯強
かつおぶし　2.5g×3袋

**1**　さやいんげんは長さ3㎝の斜め切りにします。

**2**　にんにくはすりおろしてボールに入れ、しょう油大サジ1杯と混ぜます。

**3**　鍋に湯を沸かし、塩少々（材料外）を入れて、さやいんげんをゆでます。触ってみて、ほどよいかたさにゆで上がったら、バットに重ねた角ザルに上げ、広げて粗熱を取ります。

＊この料理では色止めのために冷水に取ることはせず、ザルに上げて粗熱を取る「おかあげ」で。温かいうちに味をつけるほうが味がよくしみるからです。

**4**　さやいんげんの粗熱が取れたら、（2）のボールに加えて和えます。このとき、さやいんげんが長いようならば、食べやすく切るか、手で折ってボールに入れます。味をみて、足りなければしょう油少々を加えます。

**5**　かつおぶしを加えて和えます。

＊この料理はにんにくの代わりに、おろししょうがで作ってもおいしくできます。さやいんげんはゆでるのではなく、素揚げにしても。それぞれまた違う味わいですので、毎日続けて食べても飽きることがありません。もちろん、お弁当のおかずにも最適です。

# ししとうのチャーハン

ししとうが料理の主役になることは、あまりないと思います。でも、このチャーハンだけは、ししとうでないとダメなのです。うすくて柔らかいししとうだからこそ、チャーハンにたっぷり混ぜ込むことができて、ご飯と一緒に口に入れておいしいのです。

何かたんぱく質のものが入るとうま味が出ます。ちりめんじゃこのほか、桜えびや、みじん切りにした油揚げもよく合います。

**材料**（2〜3人分）

ご飯　茶碗3杯分
ししとう　1〜2パック（約20本）
ちりめんじゃこ　カップ⅔杯
にんにく　1片
太白ごま油　大サジ2杯
しょう油　大サジ½杯
塩　少々
黒コショー　適量

**1**　ししとうはヘタを切り、タテに切り目を入れて開き、種をざっと取り除きます。端から小口切りにします。にんにくはみじん切りにします。

**2**　フライパンを温めて太白ごま油をひき、にんにくを入れて、弱めの火加減でゆっくり炒めます。炒めるというよりも、多めの油で揚げるような感覚です。にんにくが少し色づいてきたら、じゃこを入れて、カリカリになるまで時間をかけてじっくり炒めます。

＊にんにくは弱火で、焦がさないように炒めます。

**3**　ご飯を加え、中火にして、ほぐしながらよく炒めます。塩をパラパラとふり、鍋肌にしょう油をジュッとたらして香りを立て、焼きつけるようにご飯を炒めます。

**4**　火を止めて（1）のししとうを加え、さっくりと混ぜて余熱で火を通します。黒コショーをふれば出来上がりです。

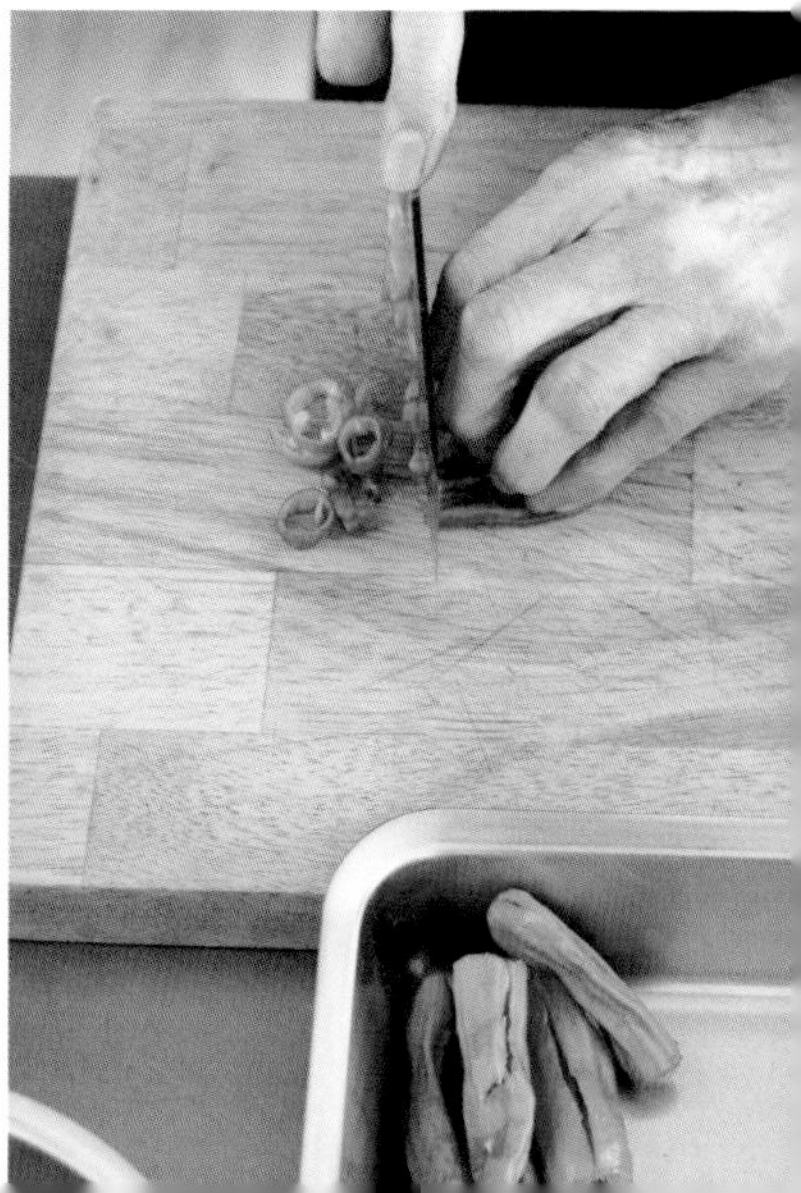

# ミニトマトのパスタ

日本のミニトマトはイタリアのものに比べて皮がうすくて甘味が濃いので、パスタのソースにうってつけ。缶詰や水煮で作るトマトソースよりもあっさりとして、フレッシュな味わいです。ミニトマトは1人10〜15コは欲しいところです。

にんにくは香りづけの役目なので、途中で取り出します。

野菜のソースには、2ミリ程度の太めのスパゲティや肉厚なショートパスタが向きます。私が愛用しているのは、Voielloの1.9ミリのスパゲティ。また、野菜のソースはソース自体には塩を入れないほうが、野菜のうま味や甘味が引き立ちます。その代わり、パスタのゆで湯にしっかりと塩を効かせます。

**材料**（4人分）

ミニトマト　40〜60コ
にんにく　2片
オリーブ油　適量
スパゲティ　360g
　水　適量
　塩　適量（水2ℓに対して大サジ1杯がめやす）
バジル　適量
パルミジャーノ・レッジャーノ　適量

**1** ミニトマトはヘタを取り、ヨコ半分に切ります。にんにくは皮をむいてまな板に置き、庖丁の腹を当て、手でたたいてつぶします。

**2** 底面積の広い鍋にオリーブ油をひきます。鍋を持ち上げて傾け、鍋底全体に油をまわします。にんにくを入れ、トマトの汁が早く出るように、切り口を下にして並べ入れます。トマトの半量ほどを並べたら、1つかみ程度を鍋に入れずに取っておき、残りのトマトは切り口の向きを考えずに鍋に入れます。ここで初めて火をつけます。弱火でじゅくじゅくとトマトに火を入れます。

**3** 別の鍋に湯を沸かし、塩を加えます。味見をしてみて、しょっぱいと感じるぐらいに塩を効かせます。スパゲティを入れたらすぐにトングで混ぜて、スパゲティがくっつかないようにします。

＊ゆで時間は表示よりも2〜3分短めに。

**4** （2）の鍋を弱めの中火にし、なるべく触らずに、トマトの切り口から自然に水分が出てくるのを待ちます。ある程度水分が出てきたら、木ベラで軽くつぶすようにして混ぜます。

**5** （4）をなるべく触らずにそのまま弱めの中火にかけ続け、ときおり木ベラで混ぜながら、トマトが煮くずれて濃厚なソース状になるまで待ちます。にんにくを取り出します。

**6** スパゲティを食べてみて、ほどよいかたさにゆで上がったらトングで引き上げ、（5）の鍋に移します。混ぜ合わせて、全体がおおよそ混ざったらオリーブ油少々を加え、取っておいた生のトマトを加えて、ソースとスパゲティをよく和えます。

＊ソースの中で、少しの間スパゲティに火を通すと、より味がからんでおいしくできます。

**7** 器に盛り、パルミジャーノをすりおろし、バジルをのせます。

＊このスパゲティは、いか、モッツアレラチーズ、揚げなすや揚げズッキーニを加えてもおいしいです。

桃のアイスティー

# テ・アラ・ペスカ

〝テ〟はイタリア語で〝お茶〟。〝アラ・ペスカ〟は〝桃の〟という意味。だから、テ・アラ・ペスカは桃のお茶。夏になると作るアイスティーです。ずっと以前に、イタリアでご近所だった、すてきなご高齢の姉妹に教えていただきました。

香りのよい少し若い桃や、高価すぎない手ごろな桃で作るのがおすすめです。イタリアの桃は甘味だけでなく、酸味もしっかりあります。ですから日本でテ・アラ・ペスカを作るなら、酸味のあるワッサー（白桃とネクタリンの自然交配種）かネクタリンと、普通の桃を合わせて使い、レモンを効かせるのがおすすめです。

桃１コはサラシで表面のうぶ毛を軽くこすり落としながら、水で洗います。ワッサー（またはネクタリン）１コも水で洗います。大きめのジャグやピッチャーを用意します。この上で果物にナイフを入れ、皮ごと果肉を種から切り外して、ジャグなどに入れていきます。

レモン（国産）は１コを輪切りにし、もう１コはしぼって、ともにジャグに加えます。グラニュー糖大サジ８〜10杯も加えます。

紅茶を淹れます。茶葉10〜15gを、湯８００㎖〜１ℓで濃いめに淹れます。これをジャグに注ぎ、下に沈んだグラニュー糖を、紅茶がにごらないように静かに混ぜ溶かします。粗熱が取れたら、冷蔵庫でよく冷やしていただきます。

桃の甘い香りがして、飲むと酸味と甘味とお茶の渋味の混ざり合った、なんとも言えぬおいしさです。見た目も美しいテ・アラ・ペスカは、夏のお客様をもてなすのにぴったり。昼下が

りの楽しい時間を想って、朝にテ・アラ・ペスカを作るひとときもうれしいものです。

## きゅうりの種

きゅうりが好きです。今は一年中ありますが、私の子どものころは、きゅうりのぬか漬けが食卓に上るのは6月か7月ごろからでした。それまではなかったきゅうりのぬか漬けが登場すると、「あ、もう夏だ、きゅうりだ」とうれしくて、食べると「うわあ、おいしい」と思う。毎年そうでした。旬がはっきりしていたんです。

季節にならないと出回らなかった昔の野菜は、香りが強くて、味がしっかりしていて、今みたいに水っぽくなかった気がします。野菜本来の味というのでしょうか。そういう野菜は、〝かつぎ屋さん〟が持ってきてくれました。

〝かつぎ屋さん〟、ご存じでしょうか。野菜をたくさん入れた大きな籠を背負ってやってくる行商の方です。私の実家（千葉・市川）には週に何回か、千葉の佐原から朝採りの野菜を売りにいらっしゃるかつぎ屋さんがいて、私たちは「佐原のおばさん」と呼んで、いつも来るのを楽しみにしていました。佐原のおばさんの野菜は新鮮でおいしくて、うちの野菜はほとんどおばさんから買っていました。

かつぎ屋さんで思い出しました。話が脇道に逸れますが、昔はいろいろな職業が暮らしの身近にあったのです。

〝樽屋さん〟は、風呂桶から漬け物樽、寿司桶まで、桶や樽を専門に作って売るご商売です。どんな町にも一軒は樽屋さんがありました。母の漬け物の木樽も、町の樽屋さんで揃えたものでした。タガが外れたりして樽がゆがんでくると、樽屋さんに持って行けばちゃんと直してくれました。だから昔の生活道具は本当に一生使えたのです。

〝いかけ屋さん〟という職業もありました。いかけ屋さんというのは金物類の道具の修理屋さんで、こちらもどんな町にも一軒はありました。鍋に穴が空いたりすると、昔はすぐに捨てたりしないで、いかけ屋さんに持って行って直してもらうわけです。

その鍋を持って豆腐屋さんへ買い物に行って、できたての豆腐を入れてもらう……。今から60年、70年前のちょっと昔には、こんなふうに不燃ごみもプラスチックのごみも出さないで済む暮らしがありました。それは、旬がちゃんとある暮らしでもあり、野菜本来の香りや味を味わえる暮らしでもありました。

きゅうりの話に戻ります。

子どものころに毎年感動したきゅうりは、今みたいにスマートな形ではなく、先がちょっとふくらんでいて、その中に少し種がありました。その種が私はすごく好きでした。ちょっと甘味があって。きゅうりらしい匂いがして。

今も野菜の直売所などへ行くと、昔のようなきゅうりと出合うことがあります。先が少しふくらんでいるきゅうりです。先のほうのふくらみの後ろの部分は、なんとなくふにゅっと曲がっていたりもします。スーパーには並ばない規格外の形です。そういうきゅうりの、先っちょのふくらんだところに、あのおいしい種が入っているのです。私の好きなきゅうりの種です。みなさんもそういうきゅうりを見つけたら、試しに買ってみてください。

季節が来ないと食べられないおいしい食材があることは、とてもすてきなことです。旬のものは理にかなっているのです。夏が旬の野菜や果物は水分がたっぷりで、食べるとからだの中が涼しくなります。冬が旬の野菜は根菜類が多く、冷えたからだを温めてくれます。だから、おいしいのです。冬にきゅうりを食べなくてもいいではないですか。その代わり、夏に存分に味わう。

夏はきゅうり、トマト、なす、ピーマン、採れるものをくり返し食べればいいんじゃない？って私は思います。今日は焼きなすのおみそ汁。明日は蒸しなすにおかかをかけて。明後日はなすをピーマンと一緒にみそ炒めにしよう、それとも牛肉となすを中華風に炒めようか……と、こんなふうに毎日同じ野菜だって構わないのです。旬の食材はそのぐらい力があって、飽きのこないおいしさがあります。

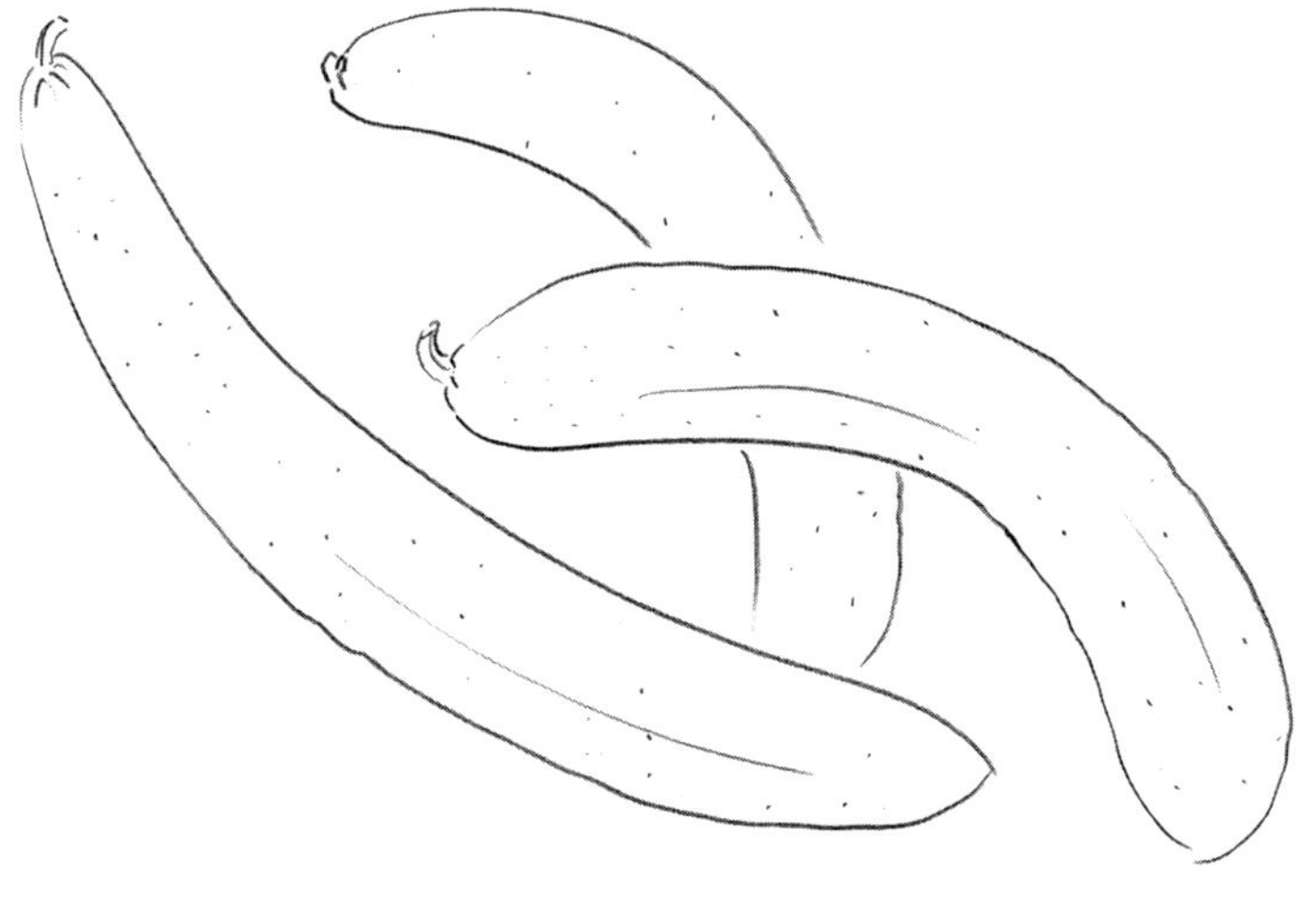

自然に逆らうことをせず、四季の巡りに即して暮らしていた少し昔のことを思い出します。物も食べものも大切にしていた時代のことを想って暮らせば、むやみに使い捨ての容器などを使わないようになります。私たちの日々の処し方も変わってくるはずです。そうして少しでも、地球が涼しくなってくれればと願うばかりです。

## 麺つゆ考

　麺つゆを作ると、台所がとってもいい香り。いりこ（関東名は煮干し）、昆布やかつおぶしなどのダシ、しょう油やみりんなどを鍋に入れて煮るだけですが、ふわっと甘くて香ばしくてしょっぱくて、ダシの香りが立って……。強くて懐かしいような、本当にいい匂いがします。

　暑い日に麺つゆを作って、氷水に当てて冷やす。そんな風景こそ、夏らしいと思ったりします。

　麺つゆにはいろいろな作り方があります。

　さっぱりと食べたいときは、かつおダシ4、みりん（煮きったもの）1、しょう油1の割合で作ります。鍋にみりんを入れて沸かし、アルコール分をとばします（＝煮きりみりん）。ここにしょう油、かつおダシを順に加えて軽く煮立たせます。冷めてから保存容器に移して、冷蔵庫で保存します。

　この割合で作ってみて、甘すぎると感じたら、次回はみりんを減らしてその分、私は日本酒を加えます。もう少ししょっぱいほうがよければ、しょう油か塩を少し足してみます。季節や、何を食べるか（たとえば、素麺なら少し軽めの麺つゆがおいし

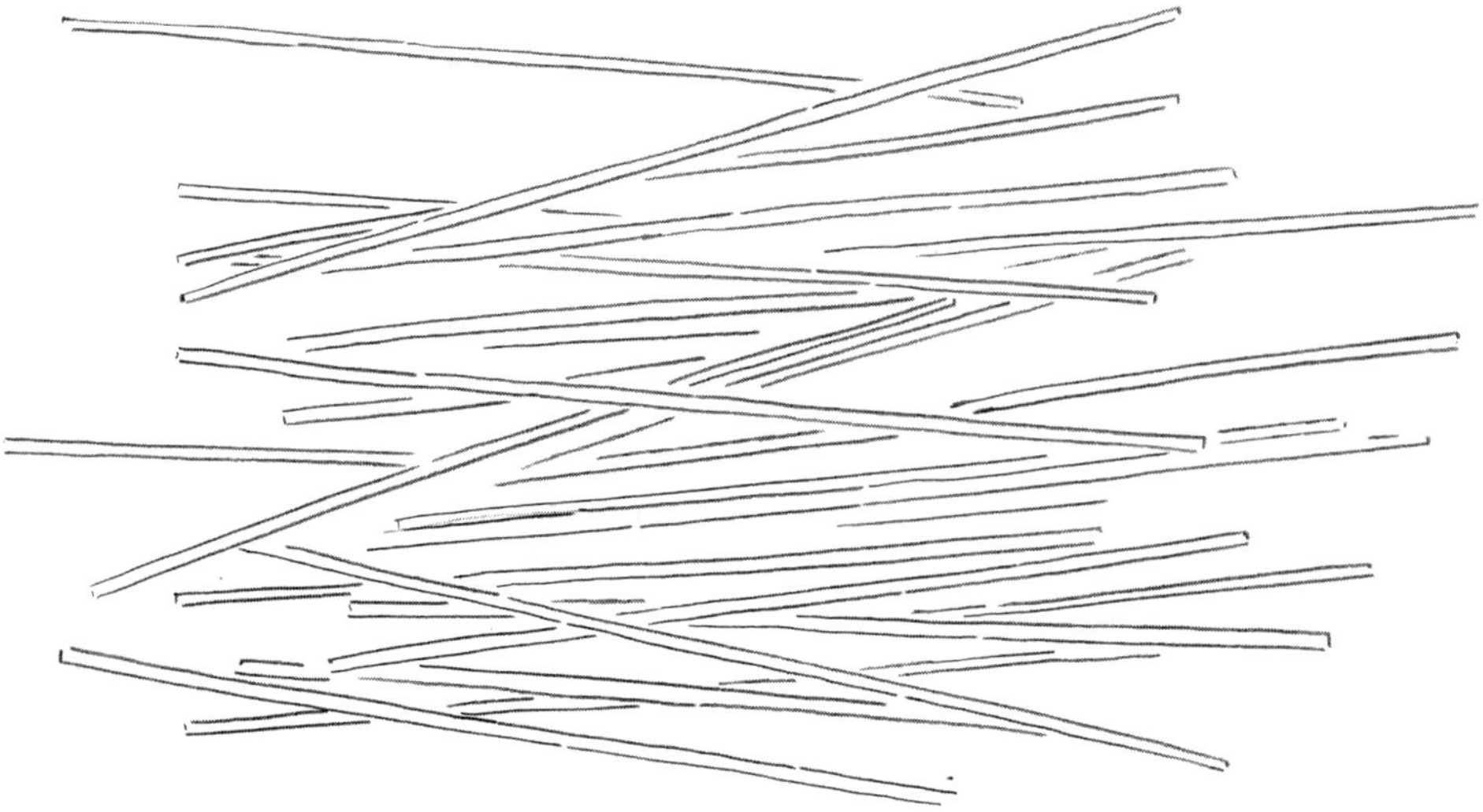

いときもあります。そばなら濃いめがおいしい)、そのときの気分などによって、麺つゆの味は変えていいのです。決まりはないのですから。

最近の私は、しっかりダシの効いた麺つゆに惹かれています。58頁でご紹介した麺つゆがそうです。通常のうす削りのかつおぶしではなく、厚削りという厚く削ったかつおぶしと、昆布、いりこ、しょう油、みりん、水を同時に鍋に入れて煮詰めます。この麺つゆ、いりこが肝です。

多めの水分量から煮始めて、最初の8割ほどの水分量になるまで煮詰めます。ですから、かなり強めの味で豊かな風味。晩秋の信州で食べて以来、秋のわが家の定番になった舞茸のそばには、この麺つゆがぴったりです。

いずれにしても自家製の麺つゆは、ダシの香りやおいしさが際立っています。しっかりしていて、なおかつすっきりとして、市販品とは比べものにならない後味のよさです。

そば、うどん、素麺のつけ汁にはそのままどうぞ。温かい麺のかけつゆにするときは、麺つゆに、かつおいりこのおいしいダシを加えて好みの濃さにすればよし。親子丼やカツ丼などのどんぶりものには、麺つゆをそのまま使えます。濃いめに作った麺つゆで、きのこや牛肉をさっと煮たり、豆腐や春菊、せりを煮て食べるのも私は好きです。なす、かぼちゃ、さやいんげん、みょうがなどを素揚げして麺つゆにつける揚げ浸しは、夏のわが家の定番料理です。

こんなふうに麺つゆがあると、麺類がすぐ食べられるだけでなく、簡単なおかずがすぐにできます。麺つゆは冷蔵庫で1週間ぐらい保存できます。

以前、仕事仲間と麺つゆの話になったとき、「今は市販の麺つゆも売れないそうです」と親しい編集者が言うので驚きました。彼女はこう続けました。

「ちょっと前は、麺類を食べるときはもちろん、煮ものでもなんでも麺つゆで作るとラクだといって、市販の麺つゆが人気だったんですよね。ところが今はそれすらもしなくなっているようです。煮ものは出来合いを買ってくるし、麺はゆでた麺とつゆがセットになったものを買ってくれば、それで済むから、ということみたいです」

料理をする手間を省きたいと思えば、どんどん省ける時代。出来合いの料理やおかずも、今は種類が豊富だそうです。でも、どんな材料から、どうやって作られているのかわからない食べもので、自分の生命をつなぐのは危険なことだと私は思います。食べるものは、他人に委ねてはいけないと思う。自分の食は、自分で管理すべきです。

もちろん、ときには出来合いの食べものに頼らざるを得ないこともあるでしょう。そうした食品はとてもありがたいものです。でも、常にそうであってはいけないと思います。人は、用意された餌を食べるペットになってはいけない。人間も、食べられるものを自然の中から見つけだし、それを食べて生命をつないでいる自然界の動物の一種類であるべきだと思います。

ゆでたほうれん草の目をみはる緑の濃さ。炊きたてのご飯の甘い香りと光るようなツヤ。台所からただよってくる麺つゆのいい匂い。五感がおいしいと感じるものは、からだにもいいのです。情報や時代の流れに惑わされず、五感で生きる動物でありたいと私は願っています。

## イタリア式トマトの食べ方

イタリアはトマトの国。半島と島によって形成されたこの国には、各地域に特有のトマト料理があります。

加熱しないフレッシュなトマトを使う〝クルダイオーロ〟は、南イタリア独特のパスタ料理。私も大好きで「夏はこれ！」という感じです。

真っ赤なトマトを、2人分なら3コほど使います。新鮮で、実がしっかり詰まったトマトで作ってください。柔らかすぎず、ほどよく熟したものがいいです。トマトをひと口大のざく切りにし、ボールに入れます。種のまわりにうま味があるので、種は取りきらず、適度に残すのがポイントです。

にんにくを庖丁の腹でつぶしてボールに加えます。バジルも手でちぎって加えます。塩1つまみとオリーブ油をたっぷりまわしかけて、大きなスプーンでトマトを軽くつぶしながら全体を和えます。これがパスタのソースになります。

パスタは、あちらでは手打ちのショートパスタを使います。ゆでてアツアツのうちにソースに加えてなじませます。市販のショートパスタでもいいですし、太めのロングパスタで作ってもいい。同じようにゆでたてをソースにからめて食べます。冷たくもない、温かくもない常温のパスタというのが珍しいでしょう。これが本当においしくて、一度食べるとやみつきになる人が多いのです。

〝ポモドーロ・スー・ポモドーロ〟は、イタリアの家庭で食べられているパスタ料理です。〝ポモドーロ〟はイタリア語でトマトのことで、〝スー〟は〝上〟という意味。つまり、〝トマトの上のトマト〟という意味で、名前の通りの食べ方をします。

トマトを2人分で400〜500g用意します。1種類のトマトでもいいですし、大小いろいろなトマトを混ぜても、カラフルな色のトマトを混ぜても楽しい。すべてひと口大にざくざくと切ってボールに入れ、塩、オリーブ油を加えて和えます。辛いのがお好きなら、ここで唐辛子を細かくちぎって加えてもいいですね。

スパゲティをゆでて、トマトソース（パッサータ＝トマトの水煮の裏漉しを、トロンとするまで弱火で煮詰めるだけでOK）を温めます。パスタがゆで上がったらトマトソースとよくからめ、さらにチーズをたっぷりとすりおろしてよくからめます。これを器に盛り、オイルで和えておいたフレッシュなトマトをたっぷりと上にのせ、バジルを添えます。

文字通り、〝トマトの上のトマト〟なのです。トマトづくし。これもトマトがおいしくなる夏ならではのひと品です。

もうひとつ、イタリア中部で暑い夏に食べる〝パンツァネッラ〟もご紹介したいです。

これはとてもユニークな料理。かたくなったパンを水に浸してぎゅっとしぼり、ざく切りにしたトマトとバジルと合わせて、オリーブ油とビネガーで和えるだけ。

あちらのパンはもともとかたいのですが、日にちが経つと、いよいよかたくなって、そのままでは食べられなくなる。そこで水に浸す食べ方が考えられたのですね。残ったパンの活用法です。でも、小麦粉の味と香りのよいシンプルなパンと、力強い味わいの夏のトマトで作ると格別なおいしさ。日本ではかたくなったバゲットで作ることができます。生ハムなどの肉類を一切入れなくても、トマトとパンのおいしさで充分満足できる、素朴を極めた料理です。

# 秋

## 山の幸、田畠の幸。なんて幸せな実りの季節

空気が澄んで空が青く高くなってくると、都会にいても、なんだか山に想いを馳せるようになります。私は海よりも断然、山派です。

私は、長野に小さな山の家があり、イタリアの家も山間です。どちらの土地でも秋になると、きのこが豊富に採れるのです。まずは採れたてを、炭火などでアミ焼きするだけでシンプルに食べる点はどちらも同じ。私もこの食べ方が好きで、舞茸をさっと炭火で焼いて、オリーブ油と塩をふっていただくと……最高です。

きのこは実に種類が豊富。でも水分を多く含むので傷むのが早く、そのため栽培もの以外のきのこはめったに店に出回りません。天然ものは香りもうま味も素晴らしいので、もし秋に山へ遊びに行くことがあれば、道の駅などを覗いてみることをおすすめします。

またこのごろは、栽培ものの珍しいきのこもスーパーで見かけるようになりました。初めてで食べ方がわからないときは、ほかのものと数種類を合わせて、焼ききのこや煮びたしにするといいでしょう。シンプルな食べ方で数種類を一度に食べ比べると、歯ごたえ、香り、味わい……それぞれの特徴がわかります。それにいろいろなきのこを盛り合わせた料理は、見た目にもシックな華やかさがあり、秋のごちそうの風情です。

さつまいも、里いも、ごぼうといった根菜も秋においしくなります。それから、新米！みずみずしくて甘い、とびきりおいしいご飯をいただける季節！

燃え盛る暑さが消えて、これから彩りのない寒い季節へ向かおうという狭間の時季に、豊かな山野の恵みがもたらされるのは、なんて幸せなことでしょう。

右上から左へ、黄柚子。椎茸、舞茸。えのき、野生種えのき(中央の茶色のもの)、白舞茸、大黒本しめじ(白舞茸の下)。本しめじ、柳まつたけ(本しめじの下のこげ茶のもの)、ひらきなめこ(下段右の中央)、さつまいも、エリンギ。右のザルは紫と黄の食用菊。

# 焼きのこと青菜の柚子しょう油和え

色、香り、味わい。まさに「秋」を楽しむ料理です。香ばしく焼いたきのこ、歯ごたえよくゆでたほうれん草、菊花の酢漬け、これらを柚子しょう油で和えます。少し手間はかかりますが、ひとつひとつを丁寧に行うこと

**材料**（4〜5人分）
椎茸　5枚
舞茸　適量（100gほど）
白舞茸　適量（100gほど）
エリンギ　小4本
ほうれん草　1束
塩　少々
［柚子しょう油］作りやすい分量
柚子のしぼり汁　100mℓ
しょう油　100〜120mℓ
＊柚子は7〜8コ分がめやす
かつおダシ　適量
［菊花の酢漬け］作りやすい分量
食用菊（黄・紫）　各1パック（各12〜14コ）
米酢　適量

**1**　柚子しょう油を作ります。柚子のしぼり汁としょう油を、同量または1対1.2ぐらいの割合で合わせます。味をみて、好みでダシを加えて味をととのえます。
＊使わない分は、保存ビンに移して冷蔵庫で保存します。

**2**　菊花の酢漬けを作ります。食用菊（黄）の花びらを摘みます。鍋にたっぷりの湯を沸かし、酢大サジ1杯ほどをたらします。花びらを数回に分けて入れ、さっと湯通ししてザルに上げます。
＊必ず煮立った湯に入れ、手早く引き上げます。

**3**　水気をしぼってボールに入れ、ヒタヒタよりも少なめの酢を加え、ほぐすように混ぜます。紫色の菊も手順2、3を行い、別のボ

で、山野の秋の恵みを盛り込んだごちそうができる。楽しみながら作ってください。

きのこは4種類を使いましたが、手に入る好みのきのこでどうぞ。味や香り、食感が違うきのこを組み合わせることで、奥行きのある豊かな味わいに仕上がります。

きのこは手で裂くのが基本です。カサに浅く庖丁で切り目を入れてタテに裂くと、食感が生きて、味が入りやすくなります。焼ききのこは、本当は炭火でさっとあぶるようにして、香ばしく焼くのが一番です。もしもできる方は、ぜひ炭火で。コンロの火で焼く場合は、弱い火でじわじわ焼くと干からびてしまうので、必ず強火でさっと焼いてください。

自家製の柚子しょう油は、雑味のないすっきりとしたおいしさ。作っておくと、おひたしに焼き魚に重宝します。作ってすぐでもおいしいですし、冷蔵庫でねかせると酸味がまろやかになって、味に深みも出ます。料理に使うときに、適量のダシで割ってもおいしいものです。

菊花の酢漬けは、いかにも秋らしい風情を運んでくれるもの。焼き魚や青菜の煮びたしに添えると、食卓が華やかになります。長期の冷蔵保存ができますから、お正月の料理にも活用できます。酢は甘酢でも結構です。

ールで酢漬けにします。

＊菊花の酢漬けは保存ビンに入れて、冷蔵庫で2～3カ月保存できます。

**4** 別の鍋に湯を沸かして、ほうれん草をさっと塩ゆでし、水気をしっかりしぼって長さ4cmほどに切ります。

**5** きのこはそれぞれ石突きを落とし、食べやすい大きさに裂いてほぐします。焼きアミで、強火で香ばしく焼きます。

**6** 焼き上がったきのこをボールに入れ、柚子しょう油大サジ3杯ぐらいを加えて混ぜます。(4)のほうれん草と(3)の菊花の酢漬け適量を、それぞれしぼって、ほぐしながら加えます。さっくり混ぜて、味見をし、足りなければ柚子しょう油を加えてととのえます。

＊菊花はまとまりやすいので、手でよくほぐしながら加えます。

＊きのこは日持ちしないので、すべて焼き、この料理に使わない分はオリーブ油と塩でマリネして保存するのがおすすめです。

# 椎茸のカキフライ風

初めて食べた人から、「これは何のフライ?」「カキフライですか?」と聞かれるおもしろいひと品です。椎茸だけを豚うす切り肉で巻き、衣をつけて揚げるのですが、これが本当にカキフライのようなうま味が出るのです。

ポイントは、新鮮な椎茸を使うこと。充分な水分が必要で、ひからびた椎茸ではおいしく作れません。軸に濃いうま味があります。

また、時間をかけてじっくり揚げることで、椎茸が柔らかくなり、カキのような口あたりになります。短時間で揚げると、椎茸に火が通りきらず、パサついておいしくないのでご用心。

この料理をどうして考えついたのか忘れてしまいましたが、娘たちが小さなころからずっと作っている、わが家の定番料理です。うちで召し上がった方は必ず、ご自分でも作ってくださる人気のおかずです。

**材料**(4人分)
椎茸 15〜16枚
豚ロースうす切り肉(しゃぶしゃぶ用、できるだけうすいもの) 16〜20枚(200g)
小麦粉、溶き玉子、パン粉 各適量
揚げ油、ソース 各適量

**1** 椎茸は石突きを落とし、軸はつけ根で押さえて、カサを破らないように手で丁寧に外します。カサは庖丁でごくうす切りにします。軸はごく細く手で裂きます。それぞれザルに並べておきます。

**2** 3つのバットに小麦粉、溶き玉子、パン粉を用意します。

**3** 豚肉を1枚ずつ広げて、(1)の椎茸を1枚分ぐらいずつ、等分に手前の端にのせて巻きます。

*豚肉の幅が足りないときは、2枚を少しずらして重ねて使います。

**4** (3)に小麦粉をうすくまぶし、軽く握って俵形に整えます。溶き玉子にくぐらせ、パン粉をつけます。

**5** 揚げ油を160℃に熱して(4)を入れ、途中で何度か返しながら、淡く色づくまでじっくりと時間をかけて揚げます。いったん引き上げて火を強め、油を高温にしてさっと二度揚げします。きつね色に揚がったら、油をきって器に盛り、ソースをかけていただきます。

*椎茸にはすぐに火が通るので、おいしそうなきつね色に揚がったら出来上がりです。

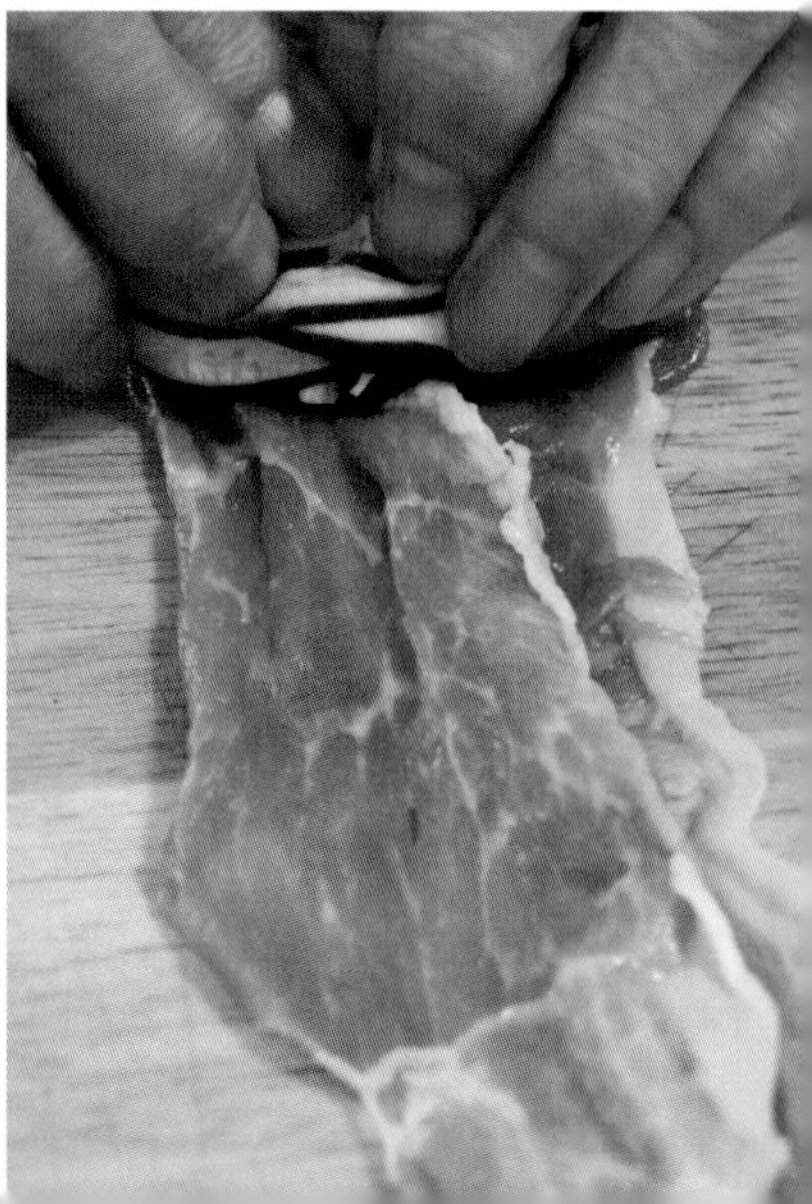

# いろいろな きのこの煮びたし

野菜売り場にさまざまなきのこが並んでいます。ごくごくシンプルな味のつゆで、きのこの食感や味わいの違いを楽しみましょう。味つけは塩をベースにして、しょう油は香りづけに加える程度にします。

**材料**（作りやすい分量）

きのこ（椎茸、えのき、ぶなしめじ、大黒本しめじ、エリンギ、野生種えのき、柳まつたけ、ひらきなめこなど数種類）　各1〜1と½パック（合計300gほど）

［昆布ダシ］
昆布　10㎝角
水　カップ2杯強

しょう油　小サジ½杯
塩　小サジ½〜⅔杯
日本酒　大サジ2杯
柚子の皮　少々

**1**　昆布ダシをとります。鍋に水と昆布を入れ、水量が8割ぐらいになるまで弱火で静かに煮出します。

**2**　きのこは石突きを落とし、食べやすい大きさに手で裂いてほぐします。別の鍋に入れて、（1）の昆布ダシをかぶるぐらい加えて中火にかけ、しょう油、塩、日本酒を加えて混ぜます。

**3**　沸いたら火をやや弱めて、4〜5分煮ます。きのこに火が通ってしんなりしたら味をみて、足りなければしょう油少々でととのえます。器に盛り、柚子の皮をのせます。

＊つゆが残ったら、またきのこを足して作っても。これでそばを食べるのも悪くないです。

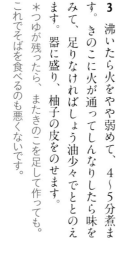

# さつまいもとえびのかき揚げ

空気が冴えてくる季節には、ほんのりとした自然の甘さが恋しいものです。さつまいももえびも、同じぐらいの大きさのコロコロに切って、衣をつけて揚げます。冷凍えびも塩水に浸して冷蔵庫に一晩おくと、ぷりぷりになるのでおすすめです。

**材料**（3～4人分）
さつまいも　½本（100～120g）
えび（バナメイエビなど）　15尾
［衣］
小麦粉　適量（カップ½杯がめやす）
溶き玉子　1コ分
冷水　カップ½杯
揚げ油　適量
塩　適量

**1**　えびは塩水にしばらく浸します（できれば冷蔵庫に一晩おきます）。カラをむき、背に庖丁を入れて背ワタを取り除いて1cmに切ります。

**2**　さつまいもはタワシで洗い、1cm角に切って水にさらします。

**3**　（1）と（2）の水気を拭き取って、ボールに合わせます。小麦粉を少量ずつ加えてよく混ぜ、全体にうすく粉をまぶします。

**4**　別のボールに溶き玉子と冷水を入れて混ぜ、（3）に少量ずつ加え混ぜ、全体にうすく衣をまとわせます。

**5**　揚げ油を170℃に熱し、（4）をしゃもじや平たい大きなスプーンですくい、菜箸でそっとすべらせて油に入れます。触らずにしばらく待ち、衣が固まったら返し、何度か返してカラリと揚げます。さつまいもが鮮やかに色づいたら、揚げ上がりのめやすです。バットに重ねた角ザルに上げて油をきり、塩をパラパラとふって器に盛ります。

＊油の中でバラけてしまう場合は、衣に小麦粉を少量足します。

# 鶏の唐揚げ 柚子胡椒しょう油ダレ

揚げたての鶏の唐揚げに、柚子胡椒＋しょう油＋メープルシロップのタレをからめる食べ方が気に入っています。鶏肉は大きく切って揚げるほうがジューシーに仕上がりますが、大きめのひと口大でも結構です。

薄力粉をまぶした上に、片栗粉をしっかりつけて揚げることで、表面がカリッとします。そのカリッとしたところにタレがしみて、うっすら下味をつけた鶏肉の淡白なおいしさと、口の中で一緒になるのがたまりません。1切れ残しておいて、翌日のお弁当に入れてもいいですね。

**材料**（2〜3人分）

鶏むね肉　1枚

鶏もも肉　1枚

＊どちらか1種類で作っても

［下味］

日本酒　大サジ1と½杯

しょう油　大サジ½杯

薄力粉　適量

片栗粉　適量

揚げ油　適量

柚子胡椒　大サジ1杯

しょう油　大サジ2杯

メープルシロップ（ゴールデン）　小サジ1杯

＊または砂糖少々でも

**1**　鶏肉はタテに2つに切り、バットに入れて下味をまぶし、冷蔵庫などに30分以上おきます。

＊下味の調味料は少なめに。うっすらと下味をつけるのがおいしい。

**2**　（1）のバットを取り出し、鶏肉を常温にもどします。薄力粉大サジ山盛り2杯をふりかけ、鶏肉全体に粉をよくまぶしつけます。

**3**　別のバットに片栗粉を大サジ山盛り2杯入れます。（2）の鶏肉の薄力粉が、下味の水分に少し溶けてトロリとまとわりついている状態になったら、片栗粉のバットに1切れずつ入れ、そのつど全体にしっかりとまぶしつけます。

**4**　違うバットに柚子胡椒を入れ、しょう油、メープルシロップを加えて混ぜ合わせます。

5　揚げ油を低温（170℃ぐらい）に熱し、（3）の鶏肉を入れます。弱めの火加減でじっくり揚げて、色づいたら返し、全体をきつね色に揚げます。

＊揚げ鍋が小さければ、鶏肉を1切れずつ揚げます。

6　（5）の油をきり、（4）のバットに熱いうちに入れて、柚子胡椒しょう油ダレを全体によくからめます。粗熱が取れたら、食べやすく切り、器に盛ります。

# 三色きんぴら

ごぼう、にんじん、ピーマンのきんぴらです。それぞれ1種類できんぴらにしても、もちろんいいのですが、3色入ると食卓に彩りが生まれるのでおすすめです。

ごぼうは皮にこそ香りがあるので、庖丁の背でこそげてしまわずに、タワシでこすり洗いします。斜めに切ってからせん切りにすると、ごぼう1本ずつに皮の部分があるので、香りよく、歯ごたえよく食べられます。私はごぼうのきんぴらを作るとき、この切り方にこだわっています。

底面積の大きな鍋、めやすとして口径30cm以上の大きな鍋で作ったほうが、きんぴらは絶対においしくできます。水分をとばしながら炒めることで、シャキシャキの歯ごたえになるのです。今日でも、明日でも、明後日でもおいしい料理です。

**材料**（4人分）
ごぼう（細いもの）　30cmぐらい
にんじん　½本
ピーマン　2コ
太白ごま油　大サジ1杯強
日本酒　大サジ1杯ぐらい
みりん　大サジ1杯ぐらい
しょう油　大サジ2杯ぐらい

**1**　ごぼうはタワシで洗い、斜めうす切りにしてから、重ねてせん切りにします。切ったそばから酢水に入れ、5分ほど浸してから水気をきります。

**2**　にんじんは皮をむき、斜めうす切りにしてから、重ねて細く切ります。ピーマンはヘタの際からタテに庖丁を入れて、5〜6等分に切ります（こうして切ると、最後にヘタと種とワタが残ります）。さらに端から細く切ります。

**3**　底面積の広い鍋（段つき鍋など）に油をひいて、強めの中火にかけます。油が温まったら、ごぼうを広げて入れます。シャーシャーと音がするぐらいの火加減で、水分をとばすように炒めます。

＊ごくたまにかき混ぜる程度にして、あまり手を出さずに炒めるのがコツです。

**4**　ごぼうに火が通ったら、にんじんを全体に散らして入れ、強めの中火で炒めます。

**5**　にんじんに火が通ったら日本酒を加えて、混ぜながら炒めます。日本酒がなじんだら、みりん、しょう油を少しずつ加え、味見をします。炒めていると水分が出てくるので、そ

の水分をとばすように、ときどき箸で混ぜて広げながら強めの中火で炒めます。味見をしながら、足りなければみりん、しょう油を加え、水分をとばしながら炒めます。
＊私はあまり甘くしませんが、甘いのがお好きならメープルシロップ（ゴールデン）などを加えても。
**6** 最後にピーマンを加えて炒め合わせます。ピーマンに軽く火が通ったら出来上がり。余熱で火が通り過ぎるので、作ったらすぐにバットに移して冷まします。
＊鍋に入れたままにしておくと、余熱が入り、水分が出てきます。すぐにバットにあけて、水分をとばしながら冷ますようにします。鍋も熱いうちに洗ったほうが、汚れが簡単に落ちます。

# 鰺のお寿司

酢締めにした鰺のお寿司は、うちで昔から作っている料理です。秋口に作るなら、おいしい秋みょうがと、ひねしょうがの甘酢漬けをたっぷり加えて楽しみます。

春の章で「甘酢新しょうが（27頁）」をご紹介しましたが、ひねしょうがの甘酢漬けもしっかりとした味わいでおいしいもの。お寿司屋さんでピンク色ではなく、黄色がかったガリが出てくるのは、ひねしょうがで作っているものです。

鰺の酢締めは、酢に浸す時間によって味わいが変わります。しっかりとよく締めたいときは、酢をかけて冷蔵庫に一晩おいてもよいです。酸味を抑える場合は、鰺の身の大きさや厚みにもよりますが、酢をかけて20〜40分ほどおきます。締め加減は好みで決めてください。

**材料**（4〜5人分）

米　3合
［寿司酢］
米酢　75㎖
塩　小サジ⅔杯
メープルシロップ（ゴールデン）　大サジ2杯
＊砂糖の場合は大サジ1杯
鰺　3尾
塩、米酢　各適量
［甘酢しょうが］作りやすい分量
しょうが　2かたまり
米酢　大サジ3〜4杯
塩　少々
メープルシロップ（ゴールデン）　大サジ1杯ぐらい
秋みょうが　4〜5コ
青じそ　20〜30枚

**1**　鰺は三枚におろし、両面に塩をふり、バットを重ねた角ザルに並べて、30分〜1時間ほど冷蔵庫に入れます。塩を酢で洗い落として水気を拭き、小骨を抜いてバットに並べ、酢をかけてしばらくおきます。

＊酢は鰺が少し浸る程度の量で結構です。途中で返して酢締めにします。

**2**　しょうがは皮をむいてごくうす切りにし、水にさらします。水がにごってきたら取り替え、3〜4回水を替えて、水がにごらなくなればOKです。

**3**　ボールに甘酢の材料を入れ、よく混ぜて溶かします。甘酢は好みで、塩と甘味を調節してください。鍋に湯を沸かし、米酢ひとま

わし（分量外）を加えます。（2）のしょうがを数回に分けて湯に10〜15秒くぐらせ、水気をきって甘酢のボールに漬けます。甘酢の味見をして、足りなければ各調味料でととのえます。

**4** 米をといで浸水させ、水気をしっかりきります。普通に水加減して寿司飯モードで炊きます。ボールに寿司酢の材料を入れ、よく混ぜて溶かします。

**5** 炊きたてのご飯を飯台または大きめのボールにあけ、寿司酢をまわしかけます。しゃもじで切るように上下を混ぜ、うちわであおいで冷まします。

**6** みょうがは小口切りにし、冷水にさらします。青じそはせん切りにしてサラシで包み、ザルに入れます。ボールに水をはり、青じそを入れたザルを重ね、色（青じそのアク）が出なくなるまで数回水を替えてアク抜きをします。

**7** 酢締めにした鯵の皮を引き、片身を4〜5等分のそぎ切りにします。

**8** 甘酢しょうがは⅔量ほどの水気をきり、せん切りにします（残りは甘酢ごと清潔なビンに移して冷蔵庫で保存）。みょうが、青じそもそれぞれ水気をしぼります。鯵も近くに用意しておきます。寿司飯の粗熱が取れたら、まずは甘酢しょうがを加え、寿司飯の上下を返すようにして全体に混ぜます。続いて青じそを加えてさっくり混ぜ、鯵をのせ、みょうがを散らして全体をさっくりと混ぜ、器に盛ります。

＊甘酢しょうがの全量を使わず、寿司飯に対してほどよい量をせん切りにして混ぜ込みます。

塩むすび 作り方は96頁

メープル玉子焼き 作り方は98頁

ほうれん草のおひたし 作り方は99頁

鯵の干物

さあ、お待ちかねの新米の季節。
みずみずしくて甘い新米を
まずは塩むすびで味わいたい。
おいしく炊いて、おいしくむすんで、
白いご飯に合うおかずを添えて。
これが、新米を楽しむわが家のスタイルです。

# 塩むすび

## 新米の炊き方

### 米をとぐ

季節が巡ぐり、巡ぐる季節に人が寄り添って、1年かけてお米を育てる。新米の季節には、その営みのありがたさに感謝せずにはいられません。新米が届いたら、私たちがするべきなのは、いつもよりも丁寧に炊いて、ゆっくりおいしく味わうこと。

ご飯の炊き方はさまざまですが、私はこうしています。

米をとぐときは、サイズの合ったボールに目の細かいザルを重ね、米を計量して入れます。少量の水を注ぎ、1回目の水はすぐに捨てて、また少量の水を入れてザルの中で米をとぎ、水を捨てます。また少量の水を入れてとぎ、水を捨てる……を水が透明になってくるまで3〜4回くり返します。以上が通常のとぎ方ですが、精米したての米なら、表面をさっと流すだけで充分です。

とぎ終わったら、10〜15分浸水させてからザルを斜めにするなどして20分ほどおき、水きりします。

炊くときの水加減は、以前は新米は水分を多く含んでいるので、少なめの水で炊くとされていました。ですが近年は、機械乾燥で水分量が調整されていることが多いので、少なめの水加減で炊くとかたく感じられることも。

どんなお米なのかによっても違いますので、まずはいつも通りに炊いて食べてみましょう。それで様子を見てから、ご自分や家族の好みの水加減にして炊くのがよいと思います。

### 米を炊く、お櫃に移す

ご飯は炊飯器で炊くこともあれば、土鍋、鉄の羽釜、密閉性の高い鍋など、いろいろな鍋で炊いています。それぞれに炊き上がりの様子が違うので、それを楽しんでいます。

どんな鍋で炊いたときも、ご飯が炊き上がったら、必ずお櫃に移します。お櫃だなんて大げさ……と思われるでしょうか。いいえ、違うのです。

ご飯はお櫃に移して、ようやく完成すると私は思っています。昔ながらの道具には、それが使われてきた理由がちゃんとあります。炊き上がったばかりのご飯は水分をたっぷり含んでいます。杉などの天然の木でできたお櫃に移すことで、木がご飯の余分な水分を吸って、ほどよい水分量に調節してくれるのです。

ですから、ご飯を何で炊くかよりも、「炊いたあとにどうするか」のほうが大事。高価な炊飯器を買うよりも、お櫃を持つことを私はおすすめします。

ちなみにうちでは杉のお櫃を使っています。お櫃は使う30分以上前に水を注ぎ入れて、木に水を吸わせておきます。こうすると、ご飯を入れたときにくっつかず、適度な水分量を保てます。

お櫃にご飯を移したら、お櫃の口にサラシをかけて、フタをしておきます。サラシも、ご飯から立ち上る水蒸気を吸ってくれるのでご飯が水っぽくならない、欠かせない道具です。

## 塩むすび

うちのおむすびは、具を入れない塩むすびです。これが一番、ご飯のおいしさを味わえると思うから。新米ならなおさら、まずはシンプルな塩むすびで、いただきましょう。

ご飯が熱いうちに、おむすびを作ります。手のひらにしっかりと水をつけ、指に少し多めに塩をつけて、手のひらに塩をまぶします。お櫃からご飯を取って、両手でむすびます。

手と手でむすぶから、おむすび。ぎゅっと握るおにぎりではなくて、表面はしっかり、中はふんわりのイメージでむすびます。力を入れすぎないこと。このあたりは、言葉で説明するのは難しい。何度も何度もやってみるうちに、手の加減がつかめると思います。

きちんと三角形にむすべなくてもいいのです。丸くてもいいし、大小いろいろな大きさがあってもいい。私はわざと、いろいろな大きさのおむすびを作ることがあります。「あと半分食べたいわね」というときに、小さなおむすびがあるとうれしい。お腹をすかせた男の子なら、一番大きなおむすびを取ることでしょう。

# メープル玉子焼き

私の好きな玉子焼きです。メープルシロップのすっきりとした甘味と、たっぷりの日本酒、少々の塩が入る、大人っぽい味。

　玉子焼き器で四角く作ってもいいですし、小さめのフライパンで半月形に作っても。

　この玉子焼きと、ほうれん草のおひたしは、白いご飯の格好の供。もちろん、お弁当のおかずにも最適です。

**材料**（作りやすい分量）
玉子　3コ
日本酒　大サジ2～3杯
メープルシロップ（ゴールデン）　大サジ2～3杯
塩　少々
太白ごま油　適量
染めおろし（大根おろし＋しょう油）　適量

**1**　ボールに玉子、日本酒、メープルシロップ、塩を入れて、よく混ぜます。
＊このとき、菜箸を左右に手早く動かして、玉子のコシを切るようにします。
**2**　小さめのフライパンを充分に温めて、鍋底にいきわたるぐらいに油をひきます。中火でじっくり熱して、油が温まったら、（1）の玉子液の1/4量を流します。菜箸で大きくかき混ぜて、フライパンの奥側にまとめます。
**3**　フライパンの手前にまた1/4量の玉子液を流し、半熟に火が通ったら奥から手前に折り、奥側に寄せます。鍋肌が乾いてきたら、そのつど油を足しながら、これをくり返して半月形に焼き、焼き色がついたら取り出します。
＊鉄のフライパンの底面が乾いてきたら、少し油を補うのがコツです。
**4**　粗熱が取れたら、食べやすく切ります。斜めに、切り口を広く見せるダイナミックな切り方もおすすめです。たっぷりの染めおろしといただきます。

# ほうれん草のおひたし

ゆでたほうれん草にかつおぶしをかけて、しょう油をたらり……とやると、しょう油の味ばかりになってしまいます。そこで考えたのが、このおひたし。かつおぶしに少量のしょう油をまんべんなく吸い込ませて、それをほうれん草の上にのせ、一緒に口に入れるのです。

**材料**（作りやすい分量）

ほうれん草　1〜2束
かつおぶし　2パック（10g）
しょう油　小サジ1〜1と½杯ぐらい

**1**　ほうれん草は根元に十字に切り目を入れて、ボールにはった冷水につけて、シャキッとさせます。

**2**　大鍋に湯を沸かし、塩少々（材料外）を入れます。ほうれん草を根元から入れて、色よくゆで、冷水にさっとつけてから、バットに重ねたザルに取ります。

＊鍋が小さいときは、何度かに分けてゆでます。ゆですぎは禁物。シャキッとした歯ごたえが残るぐらいにゆでます。

**3**　すべてゆでたら水気をしぼります。根元を切り落として長さ3㎝に切り、バットに重ねたザルに並べます。

**4**　ボールにかつおぶしを入れ、しょう油を1〜2滴ずつ加えて菜箸でよく混ぜます。かつおぶしがさらさらになって、しょう油を全体に含んでいる状態になるまで、しょう油をほんの少したらしてかき混ぜる、をくり返します。

**5**　（**3**）のほうれん草をもう一度ぎゅっとしぼって器に盛り、上に（**4**）のかつおぶしをのせます。

# サバでんぶご飯

作り方は102頁

わが家の定番「のっけご飯」。
一度食べると誰もがとりこになる、
とっておきのサバでんぶをのせて。

# 鶏と玉子のそぼろご飯

作り方は１０３頁

そぼろを二層にするのがうち流。
食べ進めると、中からもう一度
そぼろが出てくるとうれしいでしょう。

# サバでんぶご飯

サバでんぶも昔から作っている、うちの定番料理です。たっぷりのサバをしょうがと一緒に煮て、そぼろ状にします。甘辛味で、一度食べるとくせになるおいしさ。新米との相性は言わずもがなです。

サバでんぶご飯に深煎りのほうじ茶をかけて、お茶漬けにするのもまた一興です。

**材料**（作りやすい分量）
サバ　1尾（三枚おろし）
しょうが　大1片
日本酒　カップ1杯
＊日本酒と水半量ずつでも
しょう油　カップ⅓杯強
みりん　カップ⅓杯強
実山椒の佃煮　適宜
青じそ（せん切り）　適量
ご飯　適量

**1** サバは鍋に入る大きさに切り、骨抜きで骨を抜きます。中骨のまわりを指で探っていくと、骨のある場所がわかります。しょうがはよく洗って、皮つきのまますう切りにします。
＊身がくずれても構わないので、骨は丁寧にすべて抜き取ります。

**2** 鍋にサバ、しょうが、日本酒、しょう油、みりんを入れて強火にかけます。煮立ったら弱火にし、落としブタをして、汁気がなくなるまで40～50分ゆっくりと煮ます。このとき、焦がさないように注意します。煮えたら、火を止めてそのままおき、粗熱を取ります。

**3** （**2**）の鍋からサバを取り出してフードプロセッサーに入れます。3～4回、小刻みに止めながら撹拌して、ところどころかたまりが残る程度に粗くほぐし、バットに移します。
＊連続運転をせずに、様子を見ながらスイッチのオン、オフを小刻みにくり返して、塊が残るようにサバをざっくりとほぐします。もちろん、手で細かくほぐしてもよいです。

**4** サバの上に好みで実山椒を散らします。続いて、一緒に煮たしょうがを細切りにして散らします。菜箸で上下を返すようにして全体を混ぜます。

**5** ご飯を器によそい、上にサバでんぶをのせて、青じそを添えます。

# 鶏と玉子のそぼろご飯

子どもも大人も大好きな2種類のそぼろ。ご飯の上にかけるだけでなく、間にもそぼろの層を作って、リッチなそぼろご飯を楽しみます。

鶏そぼろも玉子そぼろも、ゆきひら鍋や段つき鍋のような、底に丸みのある日本の鍋を使うとまんべんなく混ぜられます。

**材料**（作りやすい分量）

［鶏そぼろ］
- 鶏ひき肉　250g
- しょうが　大1片
- 日本酒　大サジ4杯
- しょう油　大サジ2と½～3杯
- みりん　大サジ4杯

［玉子そぼろ］
- 玉子　3コ
- 玉子の黄味　1コ分
- 日本酒　大サジ2杯
- メープルシロップ（ゴールデン）　大サジ2杯
- 塩　少々

ご飯　適量

**1**　鶏そぼろを作ります。しょうがは皮をむき、みじん切りにします。鍋に鶏そぼろの材料をすべて入れ、菜箸を4～5本使ってよく混ぜます。

＊火にかける前にかき混ぜて、鶏肉をよくほぐしておきます。

**2**　（1）を最初は弱めの中火にかけて、4～5本の菜箸で絶えずかき混ぜながら炒ります。途中で中火にしてかき混ぜ、汁気がなくなったら味をみて、しょう油でととのえます。

＊絶えずかき混ぜながら火を入れるのが、なめらかに仕上げるコツです。ひき肉を寄せて鍋を傾けたとき、中央に汁気が出てくるようなら、まだ煮詰め方が足りません。さらに火にかけて、汁気が完全になくなるまで炒ります。

**3**　玉子そぼろを作ります。別の鍋に玉子そぼろの材料をすべて入れ、4～5本の菜箸でよく混ぜます。

**4**　（3）を強火にかけ、4～5本の菜箸で絶えずかき混ぜながら炒ります。玉子が固まってきたらときどき火を止めて、耐熱性のゴムベラで鍋肌の玉子をこそぎます。最後は火を止めて混ぜ、余熱でふんわりと火を通します。

**5**　器の半分ほどの深さまでご飯をよそい、鶏そぼろと玉子そぼろをのせます。上にご飯をよそって、一番上に鶏そぼろと玉子そぼろをたっぷりかけます。

小松菜と油揚げの炒めもの 作り方は114頁

鯵のお寿司 作り方は92頁

# 大きなお皿に どーんと盛って

あるとき、「有元さんといえば、大皿や大鉢のお料理ですよね」と、昔から私の仕事を知ってくださる方に言われました。自分では意識していませんでしたが、確かにそうです。

ひとつの料理を大きなお皿や鉢にたっぷり盛りつけて、好きなだけ取って食べるスタイルが好きで、昔からわが家ではそうしていました。それで雑誌の仕事を始めてからも、そのスタイルで料理を紹介することが多かったのです。

でも、私がこの仕事を始めた30年ほど前には、雑誌の料理ページには大皿や大鉢の料理はあまり出ていなかったようです。嫁ぎ先の家もそうではない食事様式だったようで、家庭を持った当初に大皿で料理を出したら、一人ずつ御膳で出してくださいと言われてしまって、すごくびっくりした覚えがあります。

私の実家は庶民的な家ですから、料理好きな母がいつもたっぷりと料理を作って、大きな器に盛り込み、家族が自分で好きなだけ、お皿に取り分けていただいていました。温かみがあって、私にはそういう食事のほうがなじむのです。だから子どもができてからは、私の好きな大皿料理の食卓にしました。

大皿を使うのは楽しいのです。たとえば染付けのように、大皿自体に絵付けがされていると、料理を取っていくうちに次第にお皿の絵が現れる……という趣向が私はとても好きです。

あるいは、黒一色や白一色の大皿に、白く煮た大根と飴色に煮た豚肉をこんもりと盛りつけてみると……わっと料理が浮き出てきます。素朴な煮ものも、とても豊かでおいしそうに見え

るから不思議です。黒い器と白い器とでは世界がまるで違って、どちらも甲乙つけがたい美しさ。

　器に料理がのったときにそこに現れる景色というのは、作り手もその瞬間に初めて出合う風景です。だから本当にワクワクする。盛りつけはおもしろいのです。小さなお皿でもそういうことはありますが、大皿や大鉢だといっそうダイナミックに料理の魅力が表れる気がします。

　いつものごぼうのきんぴらも、丁寧に細く切って作り、大鉢にざっくりと盛れば、おもてなしの料理になります。

　あるいは塩むすびの頁（94〜95頁）でもご紹介しましたが、大きな器をお弁当箱に見立てて、おむすびとおかずを盛り合わせてみると、「わあ！」と歓声が上がるような、とても華やぎのある食卓になります。

　器と料理の取り合わせは、家庭で誰にでもできる楽しみごと。自分だけでなく、一緒に食卓を囲むみんなが楽しめるのがすてきなところ。一人暮らしの今でも、人が来れば、大皿・大鉢料理を楽しんでいます。

## 段つき鍋できんぴらを

料理を作るときにどんな鍋を使うか——。これって、実はとても大切なことです。

　調理法や材料の量で、鍋、釜、フライパンを使い分けるのもさることながら、私はやっぱり、和食なら日本の鍋で、洋食なら洋鍋で作りたいと思うのです。

　日本の鍋はとても優秀です。なかでも、ひとつは持っていたほうがいいと思うのが、段つき鍋です。

　段つき鍋は昔からある、口径が大きくて、深さもある両手鍋です。日本の鍋のほとんどがそうですが、底と側面の境目が丸いのが特徴です。丸みがあることで、お湯や煮汁の対流が起こりやすく、素材に熱や味が入りやすい効果があります。

　段つき鍋の素材はアルミや銅。アルミ製は軽くて、大鍋でも扱いやすいです。銅製は熱伝導率が高く、煮ものがふっくらとおいしく作れます。素材がきれいな色に仕上がる利点も銅鍋にはあります。段つき鍋はいずれの素材も「打ち出し」といって、表面を打ち出して（たたいて）でこぼこにしてあります。こうすることで鍋の表面積が大きくなり、熱伝導がよくなるのです。

　熱伝導がいいと……まず、お湯が沸くのが早い。青菜を上手にゆでるには、短時間でさっと火を通すことが大事ですが、それには段つき鍋が最適です。たっぷりのお湯が早く沸き、かさ

おそれいりますが
切手を
貼ってください

101-0047

東京都千代田区内神田1-13-1-3階

**暮しの手帖社 行**

| 書 名 | 有元葉子 春夏秋冬うちの味 |
|---|---|
| ご住所 〒 ― | |
| 電話 ― ― | |
| お名前 | 年齢 歳<br>性別 女 ／ 男 |
| メールアドレス | ご職業 |

# アンケートにご協力ください

本書をどちらで購入されましたか。

・書店（　　　　　　　　　　　　　　　　　　　　　　）
・インターネット書店（　　　　　　　　　　　　　　　）
・その他（　　　　　　　　　　　　　　　　　　　　　）

本書の感想をお聞かせください。
（小社出版物などで紹介させていただく場合がございます）

雑誌『暮しの手帖』はお読みになっていますか。

・いつも読んでいる　・ときどき読む　・読んでいない

今後、読んでみたいテーマは何ですか。

ご協力ありがとうございました。

ご記入いただいた個人情報は、厳重に管理し、小社からのお知らせやお問い合わせの際のご連絡等の目的以外には一切使用いたしません。

ばるほうれん草も口径が大きいので余裕を持って入れられます。お湯の対流が起こりやすいので、お湯にさっとつけただけで野菜にムラなく火が通ります。ですから私は青菜をゆでるときはもっぱら、アルミ製の直径30㎝ほどの段つき鍋を使います。

段つき鍋は名前の通り、上から2、3㎝下のところに段がついています。セイロをのせて蒸しものをするときのための段なのですが、この段があるために、吹きこぼれにくいのも大きな魅力です。夏場の素麺、そば、うどん、中華麺などの麺類をゆでるときにもうってつけなのです。

そして、私はきんぴらも、段つき鍋で作ることをおすすめしたいのです。大きな段つき鍋で作ると、とてもおいしく仕上がります。

騙されたと思って、口径30㎝以上の大きな段つき鍋で、きんぴらごぼうを作ってみてください。詳しい作り方は「三色きんぴら」（90頁）にあります。口径が大きいということは、底面積も広いわけで、ごぼうを重ねずに広げて水分をとばすことができます。「大きなフライパンでもいいのでは？」と思われるかもしれませんが、まるで違うのです。銅やアルミの段つき鍋の熱伝導のよさが、野菜の水分を過不足なくとばして、調味料がうまくからむ感覚を、体感していただきたいです。段つき鍋は、野菜や調味料の火の入り方の塩梅が絶妙なのです。本当に見違えるほどおいしく作れます。もちろん、段つき鍋は煮魚（魚を重ねずに入れられます）や筑前煮を作るのにも向いていますし、おでんをたっぷり作るときも、私はいつもこの鍋です。

いろいろなサイズがありますが、やはり、まずは口径30㎝以上のものをひとつ、とおすすめします。そして、鍋の口径より

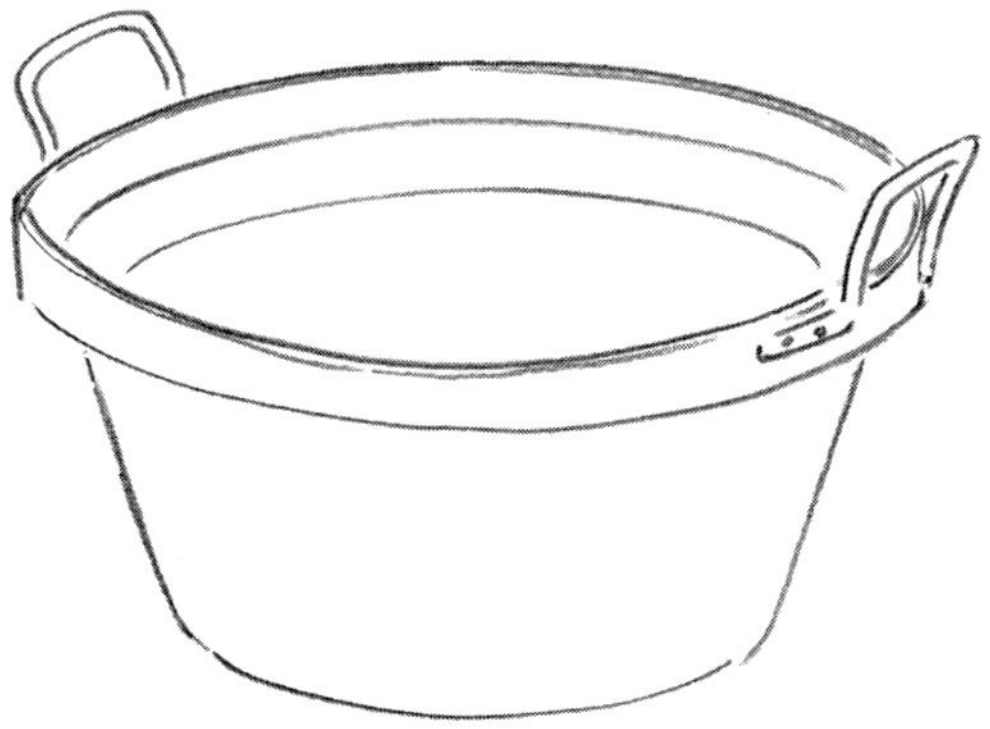

もひとまわり小さな木の落としブタとセットで段つき鍋を持っているのが、昔からの日本の台所のお決まり。落としブタも便利なので、ぜひお持ちください。

## 柚子ざんまい

秋から冬にかけての香りといえば、黄柚子。日本料理は案外、あしらいに使う香りのものの種類が少なくて、黄柚子の季節が過ぎれば、春の木の芽、初夏の青柚子などが代表的なもの。ですから日本人にとって黄柚子の存在は、実はとても大きいのです。

季節になれば私も、ふだんの食事でも柚子のすてきな香りと色を楽しみます。ゆでた小松菜と大根おろしを和えて、黄柚子をぎゅっとしぼって食べたり。大根の塩もみ、しらす干し、うすい半月切りにした黄柚子を合わせて、柚子の皮のせん切り、柚子のしぼり汁で和えるのもおいしいものです。ふろふき大根の仕上げに細かくおろした黄柚子の皮をパッと散らすと、白に黄色が映えて、とってもいい香り。いつもの野菜も、柚子のしぼり汁や皮の香りを加えるだけで、季節のごちそうになります。

そんなふうに楽しんでいるうちに実家からも、庭の木からもいただばかりの黄柚子が送られてくるのが毎年恒例。鈴なりになる柚子をダメにしてはもったいないということで、本当にたくさん詰め込んだ箱が届くのです。そうなると、さあ、大変。秋の柚子仕事の始まりです。

庭の木になる柚子は見てくればいまひとつですが、農薬も使っていなければ、見た目や日持ちをよくするためのワックスもついていないので、安心して皮

も汁も使えます。皮に傷がある実はせっせとしぼって、柚子しょう油（82頁）を作ったり、ポン酢を作ります。黄柚子のしぼり汁だけを小分けにして冷凍したりもします。

自家製の柚子しょう油やポン酢は、雑味のないすっきりとしたおいしさです。

柚子しょう油は、柚子のしぼり汁としょう油を同量か、しょう油を少し増した割合で合わせます。

ポン酢は、かつおダシ2対柚子のしぼり汁2対しょう油1の割合で混ぜ合わせます。ポン酢は柚子のほかにも、かぼす、すだち、レモンなどの柑橘で作ってもよく、数種類の柑橘を混ぜ合わせても結構です。計量しなくても、しょう油と柑橘のしぼり汁を見た目で同量程度混ぜればOKで、酸っぱいのがお好きなら柑橘を増やしても。

柚子のしぼり汁に塩を加えた「塩柚子」も作ります。これは焼き魚や野菜によく合います。

柚子しょう油もポン酢も、作ってすぐでもおいしいですし、冷蔵庫でねかせると酸味がまろやかになって、味に深みが出ます。おひたしや焼き魚にかけたり、鍋もののタレにしたり、いろいろに使えます。もちろん保存料など入っていませんから、冷蔵庫に入れて1週間をめやすに使いきります。それ以上保存したいときは冷凍を。

高齢化が進んでいるせいか、柚子にしろ柿にしろ、庭の木で熟した実を取らずにほうってある家を目にするようになりました。これは柚子ではなく柿の話ですが、「木守り柿」といって、来年も取れますようにという願いと、鳥のために残す意味もあって、実った柿を全部取ってしまわずにひとつないし数個だけ、木に残す風習が昔からあります。実家の庭の大きな柿の木もそのようにしていました。

そうした人の想いもまた、季節とともに生きる暮らしの中から自然に生まれたもの。木になる実を大切に思わなければ、消えてしまう想いであり、風習です。

柚子を使うときには、そんなこともチラリと頭をかすめます。

## ご飯を何で炊くか

塩むすびの項（96頁）にも書きましたが、ご飯はさまざまな鍋で炊いています。忙しく人数も多いスタジオでは炊飯器も使いますが、家で白いご飯を炊くときはもっぱら、鉄製の羽釜や土鍋を使います。

昔ながらの羽釜で、ご飯を炊いてみたいと思っていました。羽釜は、鍋の中ほどにつば（羽）

がついていて、底が丸く、かまどにはめ込んで使うご飯炊き用の釜です。木の厚いフタをしてご飯を炊き上げます。数年前に浅草・合羽橋の釜浅商店さんで現代版の羽釜を見つけました。つばはあるけれど、ガス火にかけられるように底は平らになっています。

羽釜でご飯を炊くのは、何も難しいことではありません。米と、米の1割増しの水を入れ、木ブタをして、木ブタだけではなんとなく心もとないので、私は上に鉄瓶などを重石としてのせます。中火にかけておくと、10分ぐらい経ったころでしょうか、釜とフタの間からじゅわじゅわとおねばが出てきます。おねばが出てくるのは、鍋の中が沸いた証拠です。

子どものころ、母は底が丸い羽釜とへっつい（かまど）の昔ながらの方法で、薪でご飯を炊いていました。ご飯の炊けてきたいい匂いがして、釜とフタの間からおねばがじゅわ〜っと沸き出てくる様子が、今も私の目に焼きついています。おいしいものの記憶の光景として。おねばが乾くとパリッとうすい白い膜ができます。それをはがして食べたことも記憶の底にあります。それで、あのおねばをまた見たくて、現代版の羽釜を見つけたときはうれしくて飛びついたのでした。

羽釜でのご飯炊きの続きです。おねばが出てきたら、火を弱くして15分ほど炊きます。羽釜や土鍋で炊くご飯はおこげも楽しみ。鼻を利かせ、耳を澄まして、釜に顔を近づけて様子をうかがいます。おこげ特有の香ばしい匂いや、水分がなくなったちりちりという小さな音がしてきたら、おこげがきっとできています。最後に15〜20秒ほど火を強くすると、おこげができます。火を止めて5分ほど蒸らしてから、お櫃に移します。

こうして鉄の羽釜で炊いたご飯は、江戸風のシャキッとした小気味のよい風味。底にできたおこげが、ぱりんとはがれてくれます。

一方、土鍋で炊くご飯はふっくらツヤツヤです。ご飯の甘味が際立っていて、おむすびにするには土鍋炊きのご飯が向くと思います。炊き方は、中ぐらいの火にかけて、沸いたら火を弱くして15分ほど炊き、火を止めて蒸らす——。羽釜で炊くのと基本的に変わりません。

私が使っている底の厚い伊賀の土鍋は、10分くらい中火にかけると、ブクブクといってきます。そうしたら火を止めて15分待つ。土鍋に蓄熱性があるので、できる炊き方です。

お持ちの土鍋によって、上手に炊く方法は少しずつ違うと思います。また、柔らかめが好き、かためが好きと、ご飯の炊き上がりの好みもあります。どの道具で炊くかも含めて、ご自分や家族が「おいしい」と思うご飯の炊き方を見つけることが大事です。

　最近、ある番組で、といだお米を水につけて、冷蔵庫で一晩浸水させてから炊く方法を知りました。人気のおむすび屋さんのご飯の炊き方だそうです。その炊き方に、私流のやり方をプラスするとこんな具合です。といだ米を一晩水につけます。最低でも炊く1時間前にザルに上げて水気をしっかりきり、米と同量の水を加えて炊きます。こうして炊くと、ご飯がぴかぴかに炊き上がって、本当においしいのです。

　こんなふうに私自身も、さらなるおいしい炊き方をまだ勉強中です。いろいろ試してみて、「これがいいかな」と正解は自分で決めるしかないのです。ご飯に限らず、なんでもそう。自分の目と耳と鼻と舌を総動員して、自分の「おいしい」を探す。誰かのおすすめをそのまま取り入れるのではなく、自分でやってみることです。

# 冬

## 白と緑の野菜が旬。湯気と焼き色の料理で

白。両手で抱えきれないほど大きな白菜、太くてみずみずしい大根。ほかにも、ホクホクのれんこん、ねっとりとした里いも、かぶ、カリフラワー、百合根など、冬に旬を迎える野菜はなぜか色の白いものが多いのです。

緑。寒さが増すごとに葉も茎も立派になるほうれん草、小松菜。ほかにも春菊、ブロッコリー、水菜など、緑濃い野菜も冬が出盛りです。そういえば甘くておいしい冬の長ねぎも、白と緑のコンビネーションですね。

冬の野菜はかさばります。持ち帰ることを考えると、大きさにたじろいでしまう気持ちもわかります。でも、白菜も大根もぜひ丸ごとを買ってほしい。カットされて売られているものは切り口から鮮度が落ちやすいですし……大丈夫、食べきれます。白菜も大根も「主役」の食材として、一度にたっぷり使う料理はたくさんあります。一度にたくさん使う料理のほうが、その野菜のおいしさがよくわかります。

冬こそ、台所に立つのがうれしい季節。子どものころ、学校から帰ると台所にいつも温かい湯気が上がっていて、母が里いもなどをことことと煮ていました。そばで見ていると菜箸に刺して「はい」と渡してくれる、私は小さなお味見係でした。

スープにおでんにお鍋。飴色の炒め煮。しょう油と甘味で煮つけた魚。カリッとして香ばしい揚げもの。焼き色のついたとろとろのグラタン。どこか懐かしいような色と香りと味の料理を食べて心身を温めているうちに、年が暮れていき、お正月が来て、また新しい春へと向かっていく。冬こそ、家のごはんに守られているのを感じます。

右下から、寒い時季を代表する香りの黄柚子。主に白い部分を味わう「根深ねぎ」は火を通すと、ねっとり甘くて美味。食べきりサイズのミニ大根。ずしりとしてみずみずしい青首大根。鴨も冬場に脂がのっておいしい。

# 小松菜と油揚げの炒めもの

もしかしたら私がふだん一番よく作る料理かもしれません。カリカリに炒りつけた油揚げにジュッとしょう油を吸わせて、小松菜と一緒に口に入れると本当においしく、いくらでも食べられてしまいます。小松菜自体の水分を生かして炒めるので、「水上げ」のプロセスが必須です。

**材料**（2人分）
小松菜　1束（250g）
油揚げ　2枚
太白ごま油　小サジ2杯
しょう油　適量
日本酒　適量

**1**　水上げをします。小松菜は根元に十字に切り目を入れ、ボールにはった冷水につけてシャキッとさせます。

**2**　小松菜の全体にパリッと張りが出たら洗い、葉と茎に切り分けます。茎は長さ5cmに切り、根元の部分はさらにタテ2〜4等分に切ります。大きな葉は食べやすく切ります。油揚げは長辺を幅1.5cmに切ります。

**3**　鍋に太白ごま油をひいて中火で熱し、油揚げを入れます。油揚げが色づき、カリカリになるまでよく炒めます。

**4**　油揚げにしょう油をジュッとたらします。油揚げがしょう油をよく吸ったら小松菜の茎と根元を加えて火を強め、炒め合わせます。味見をして、しょう油、日本酒を加えます。

＊小松菜がかたいときは、柔らかく火を通すために水分を補う目的で日本酒を加えます。

**5**　残りの葉を加え、小松菜に火が通って、歯ごたえはありつつ、少ししんなりするまで、強火で手早く炒めます。

# ほうれん草と豚肉のスパゲティ

冬に甘味が増すほうれん草は、意外にカレーの風味と相性よし。このスパゲティもカレー粉を風味づけに使います。豚肉も入って、満足感のあるひと皿です。ほうれん草は葉だけを使います。茎はみそ汁などに活用してください。

**材料**（2〜3人分）
スパゲティ（ゆで時間10分程度のもの）　160〜200g
ほうれん草　1束
豚うす切り肉（またはベーコン）　150g
にんにく（みじん切り）　1片分
オリーブ油　大サジ3杯
カレー粉　大サジ1杯強
塩　適量

**1**　ほうれん草はよく洗って冷水につけ、シャキッとさせて、葉だけをつみ取ります。
**2**　豚肉は食べやすく切ります。
**3**　たっぷりの湯を沸かして、塩適量（分量外）を入れ、スパゲティをゆで始めます。
**4**　鍋にオリーブ油とにんにくを入れて弱火にかけ、にんにくをじっくり炒めて香りを油に移します。豚肉を入れてカリッと焼きつけるようにして火を通したらカレー粉を数回に分けて加え、そのつど豚肉によくからめます。塩1つまみを加えて炒めます。
＊常温の油からジュクジュクと炒めることで、にんにくを焦がすことなく、にんにくの香りを油によく移すことができます。
**5**　（4）にほうれん草の葉を加えて、塩をパラパラと少しふります。スパゲティがゆで上がったら、鍋から直接、ゆで汁がスパゲティにからまっている状態でソースの鍋に移して全体を和えます。

# 魚介とほうれん草のグラタン

なめらかな舌触りの
クリーミーなホワイトソース。
冬のほうれん草の甘さとほろ苦さ。
えびとホタテ貝柱の豊かなうま味。
寒い日にみんなでアツアツをいただきたいグラタンです。
ぜひ、ホワイトソースから作ってくださいね。

# ホワイトソース

ホワイトソースにはいろいろな作り方がありますが、ご紹介するのは初心者でも失敗なしのレシピです。粉がダマになるのが心配な人が多いと思いますが、玉ねぎのみじん切りを入れることでそれが防げます。

牛乳を全量入れたら、好みの濃度になるまで、弱火でじっくり煮詰めればよし。バターは、私は有塩を使います。無塩バターで作る場合は、仕上げに塩少々を加えて味をととのえるといいでしょう。

**材料**（4人分）
バター　大サジ2杯
オリーブ油　大サジ2杯
玉ねぎ（みじん切り）　½コ分
薄力粉　大サジ3〜4杯
牛乳　500㎖
塩、黒粒コショー　各少々

**1**　鍋にバター、オリーブ油を入れて火にかけます。バターが溶けたら玉ねぎのみじん切りを入れて、中火より弱めのあまり強くない火加減で、玉ねぎが透き通るまで炒めます。

**2**　玉ねぎがトロッとした感じになるまで炒めたら、薄力粉を加えてよく混ぜ、粉気がなくなるまで弱火で炒めます。

**3**　（**2**）に牛乳を少しずつ加えて、薄力粉を混ぜ溶かします。牛乳を加えたら、そのつどよく混ぜて粉を溶かすようにし、ダマのない状態にします。最初はカップ1杯程度の牛乳を加えて、粉と牛乳を充分に混ぜ合わせます。

＊玉ねぎについた薄力粉を、牛乳で溶きのばすイメージでよく混ぜます。

**4**　薄力粉が溶けたら、残りの牛乳をすべて加えます。ときどき鍋底を掻くようにして混ぜながら、ホワイトソースがトロンとしてくるまで、弱火で時間をかけてゆっくり煮ます。たまにフツッというぐらいの弱めの火加減で、最初の8割ほどに煮詰めます。仕上げに塩を加え、コショーを挽きます。

# ほうれん草のゆで方

緑の色を鮮やかに、歯ごたえを残してほうれん草をゆでるには、高温の湯で短時間でゆでることが大事です。湯の温度を下げないためには、ゆで湯に塩を入れて沸点を上げ、ほうれん草を一度にたくさん入れないこと。

　ほうれん草を湯に入れたら、しっかり見ていましょう。そして「わあ、きれい」と思う、まさにその瞬間に湯から引き上げます。きれいな色がおいしく火が通ったためやすです。

　このゆで方は、ごま和えやおひたしを作るときも一緒です。

**1** ほうれん草は根元に十字に切り目を入れ、冷水につけてシャキッとさせます。
＊十字に切り目を入れると、根元の汚れが落ちやすくなります。

**2** 口径の広い鍋にたっぷりの湯を沸かします。沸いたら塩少々を入れます。

**3** ほうれん草を根元から湯に入れ、ひと呼吸おいたら葉先まで沈めます。トングでつかんで少し泳がせるようにしてゆで、色鮮やかになったら、すぐに湯から引き上げます。
＊目分量でいいのですが、ほうれん草を一度にゆでる量は鍋の容量の半分以下にします。一度にたくさんほうれん草を入れると、その分、湯の温度が下がるからです。

**4** 湯から引き上げ、冷水をはったボールにつけて粗熱を取ります。粗熱が取れたら冷水からザルに引き上げ、葉先を下にして両手でタテに握り、水気をしぼります。
＊冷水につけると粗熱が取れて、ほうれん草の色止めができます。また、ほうれん草のアクとなるシュウ酸を除く目的もあります。粗熱が取れたら水から引き上げます。

# 魚介とほうれん草のグラタン

ホワイトソースができていて、ほうれん草がおいしくゆで上がっていれば、あとは魚介をさっと炒めて、グラタン皿に重ね入れてオーブンへ。それで「家で作ると、グラタンはこんなにおいしいの？」と思う出来栄えです。

もちろん、ゆでたマカロニとソテーした鶏肉で作ってもいいですし、具材のバリエーションは無限。ぜひグラタンを得意料理にしてください。

**材料**（4～5人分）
ホワイトソース　＊117頁で作ったものの全量
ホタテ貝柱　4コ
えび（カラつき）　大6尾
ほうれん草　1～2束
塩、コショー　各少々
バター　大サジ2杯
パン粉　大サジ2杯
チーズ（パルミジャーノ・レッジャーノなど）　適量

**1**　ほうれん草は色よくゆで、水気をしぼります。根元を切り落とし、長さ5㎝に切って、もう一度水気をしぼります。

**2**　えびは背ワタを取り、カラを外します。

**3**　フライパンを温めてバター大サジ1杯を入れ、中火でほうれん草をさっと炒め、塩少々をふって角ザルに取り出し、汁気をきります。

**4**　（3）のフライパンに、バター大サジ1杯を入れて中火で熱し、ホタテ貝柱とえびを入れてソテーします。色が変わったら返して、中まで軽く火を通し、塩・コショーをふります。

**5**　グラタン皿にバター（分量外）をうすく塗り、全体にほうれん草をしきます。上にホタテ貝柱とえびをのせ、ホワイトソースをたっぷりかけます。チーズをすりおろしながら全体にふりかけ、パン粉をちらします。

**6**　200℃のオーブンで20分ほど焼き色がつくまで焼きます。

# 大根と豚肉のスープ

ずいぶん昔、台湾料理を習っていたことがありました。そのお教室で教えていただいて、本当によく作っているスープです。

とても簡単で温かみがあるスープは、これひと品でおかずになるボリューム。味わいに奥行きが出ますので、パセリのみじん切りは必ず入れてください。

**材料**（2〜3人分）
大根　½本
豚肉（肩ロース、バラなどのうす切り）　100〜200g
［下味］
しょう油　大サジ⅔〜1杯強
（豚肉100gに対して大サジ½杯）
日本酒　大サジ½杯
しょうが（すりおろし）　大サジ½杯
コショー　少々
パセリ（みじん切り）　大サジ2杯
片栗粉　大サジ1〜1と½杯
鶏のスープ　カップ4〜5杯
＊鶏ガラや手羽先などでとるのが理想的ですが、ないときは水カップ4〜5杯＋鶏ガラスープの素少々でもよい
塩　少々

**1**　大根は皮をむき、厚さ5㎜のいちょう切りにします。緑色の茎がついていたら、細かく刻んで下ゆでしておきます。
**2**　豚肉は食べやすく切り、しょう油、日本酒、おろししょうが、コショーで下味をつけ、パセリのみじん切り、片栗粉をまぶしつけます。
**3**　鍋に鶏のスープを入れ、大根を加えて強火にかけます。沸騰したら中火にし、大根が柔らかくなるまで煮ます。
**4**　（2）の豚肉を加え、肉に火が通ったら味見をして、塩でととのえます。豚肉にさらにしっかり火が通ったら、大根の茎を散らし、器に盛りつけます。

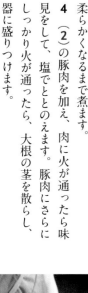

# 大根とスペアリブの炒め煮

大根は通年手に入りますが、煮ものにするならば、みずみずしくて柔らかい冬の大根に限ります。

大根の煮ものには2種類あります。下ゆでをしてから、ダシでゆっくりと煮含めるふろふき大根やおでん（130頁）。もう1種類は、炒め煮です。

炒め煮は下ゆで不要。皮つきのまま大ぶりに切って、油でこんがり炒めてから、調味料や水を加えて煮る調理法です。短時間で作れて、強いうま味がありますので、ご飯とよく合います。スペアリブも一緒に炒め煮にすれば、肉のうま味を大根が吸って、いっそうおいしくなります。

生の大根でもいいのですが、天気がよければ、切った大根を1～2日天日で干してから、作ってみてください。より早く煮えますし、ひなびたような独特のおいしさになって、私はこちらも大好きです。いずれも、たっぷりのしょうがと混ぜて召し上がってください。

**材料**（4人分）

大根　1本（1.2kg）
スペアリブ（1切れの長さ5cm）　400g
しょうが　大1コ（50g）
ごま油　大サジ2杯
日本酒　カップ½杯
＊または水と日本酒半量ずつでも
みりん　カップ½杯
しょう油　カップ⅓～½杯

**1**　大根は皮つきのまま、大きめの乱切りにします。葉や茎があれば、適量を長さ5cmに切ります。しょうがは皮つきのまま、厚さ5mmのうす切りにします。

**2**　中華鍋を強めの中火にかけてごま油を熱し、しょうが、スペアリブを入れて焼きつけます。

**3**　スペアリブの全体に焼き色がついたら大根を加え、大根に焼き色がつくまで炒めます。

**4**　日本酒、みりん、しょう油を加え、ヒタヒタよりやや少なめの水を加えます。落としブタをして、火加減を中火ぐらいに落とし、ときどき混ぜながら20分ほど煮ます。竹串で大根を刺して、煮え具合を確かめます。

**5**　大根が柔らかくなったら味をみて、足りなければしょう油でととのえます。強火にして大根の葉と茎を加え、汁気をとばすようにさっと炒めます。器に盛り、せん切りにしたしょうが（分量外）をのせます。

# れんこんの肉詰め

以前にちゃんこ料理屋さんでいただいた一品。1人分が一つで、もっと食べたいと思い自分で作るようになった料理です。

れんこんの肉詰めは、太くて穴が大きな冬のれんこんだからこその料理。ひき肉に味をつけると、塩の作用でれんこんや肉から水分が出て、カラッと揚がりません。ですからあえて何の味もつけずに、れんこんを皮ごと素揚げして、香ばしく仕上げます。

**材料**（4人分）

れんこん（直径6㎝ぐらい、長さ6〜8㎝）　2コ
鶏ひき肉　150g
揚げ油（ごま油と太白ごま油を同量混ぜると、れんこんと鶏肉の風味によく合う）　適量
しょう油、練り辛子、各適量

**1** れんこんは穴に水が入らないよう、表面だけ洗って水気を拭きます。

**2** バットにひき肉を入れ、れんこんの切り口をぎゅっと押しつけて、穴に肉を詰めます。

＊手でれんこんをしっかり握り、ひき肉を押さえつけるようにすると、穴に肉が入っていきます。切り口の径が細くてひき肉を入れにくいものは、太い部分で2つに切り分けて、太い部分でひき肉を押さえつけるようにして詰めます。

**3** ひき肉がれんこんの穴全体にしっかり詰まって、反対側の穴からはみ出てきたら、余分なひき肉をゴムベラで除きます。

**4** (**3**)を厚さ1.5〜2㎝の輪切りにします。

**5** 揚げ油を中火にかけます。乾いた菜箸を差し入れ、箸から細かい泡が立つぐらいに油が温まったら（140℃程度）、(**4**)を入れます。弱めの中火にし、全体がきつね色になるまで6〜7分揚げます。

＊低い温度の油からゆっくりと、れんこんの水分をとばしながら揚げることで、コリッとした食感に仕上がります。

**6** 器に盛りつけて練り辛子を添え、しょう油をつけていただきます。

# ねぎときざみ揚げのうどん

この組み合わせが好きで、一年中よく作るうどんですが、柔らかくて甘い冬のねぎで作るのが格別です。相手の油揚げは開いて厚みを半分にしてから、ごく細く切って、ふわふわの口あたりにします。

**材料**（2人分）
ゆでうどん　2玉
油揚げ　1枚
長ねぎ　½本ぐらい
ダシ　カップ3と½〜4杯
＊ダシのとり方は19頁を参照
塩、しょう油　各適量
七味唐辛子　少々

**1**　鍋に湯を沸かし、油揚げを10秒ほどくぐらせ、ザルに上げます。粗熱が取れたら、両手ではさんで水気をぎゅっとしぼります。端を細く切り落として袋を開き、食べやすい長さに切って重ね、端からごく細く切ります。

**2**　長ねぎは小口切りにします。

＊辛味が苦手なら氷水にさらしても。長ねぎの量は好みで加減します。

**3**　鍋にダシを温め、塩、しょう油で味つけして、つゆを作ります。油揚げを入れて少し煮ます。

**4**　別の鍋でうどんを温め、ザルに上げて水気をきります。

**5**　器にうどんを入れてつゆと油揚げを注ぎ、長ねぎをのせて七味唐辛子をふります。

# 白菜鍋

白菜、豚肉、しょうがという、シンプルでいて黄金の組み合わせです。

この鍋は白菜を先に蒸し煮にし、白菜のうま味の出た蒸し汁も使います。豚の脂のうま味をまとって、トロリと柔らかくなった白菜の甘さを引き締めるのが、しょうがと黒コショー。ずっと昔から、冬になると毎年作る、わが家の定番鍋です。

**材料**（5〜6人分）
白菜　1株
豚バラうす切り肉　500g
しょうが　大2片
塩、粗挽き黒コショー　各適量

**1**　白菜はタテ4等分に割り、大鍋に入れます。鍋底から深さ3〜4㎝まで水を加え、フタをして、白菜が少し柔らかくなるまで蒸し煮にします。

＊完全に火が通らなくても、白菜が少ししんなりして、土鍋に収まりやすくなれば結構です。

**2**　白菜を鍋から取り出します。鍋に残った蒸し汁は取っておきます。白菜をまな板の上にのせ、根元を切り落とし、幅5㎝ほどに切ります。

**3**　豚肉は幅5〜6㎝に切ります。しょうがは皮をむき、太めのせん切りにします。

＊この料理には、太めのせん切りしょうががよく合います。

**4**　土鍋に白菜、豚肉、しょうがのせん切りを順に重ね入れます。黒コショー、塩少々をふります。これを5段ぐらいの層になるようにくり返します。

＊あとで味つけをするのが難しいので、この状態で塩加減がよくなるように考えながら、一段ずつ塩とコショーを加えます。

**5**　(4)の最後に(2)の蒸し汁を加え、水を足してヒタヒタにします。

**6**　土鍋のフタをして、弱火で40〜50分ほど煮ます。ふきこぼれが心配ならば、鍋とフタ

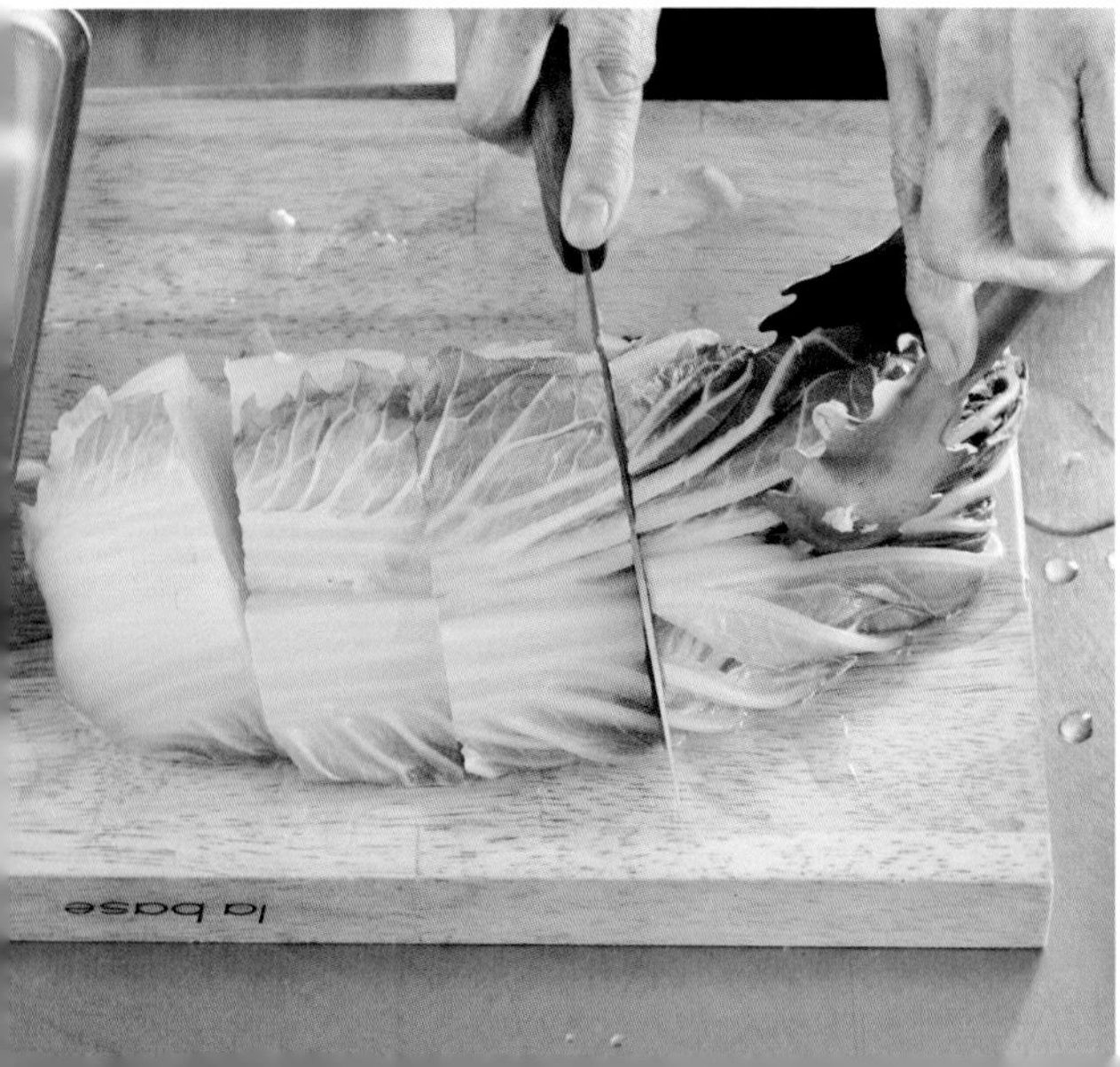

の間に菜箸をはさんで、少しすき間を開けておくなどの工夫をします。具材を寄せて鍋の真ん中に少し穴ができるようにし、その穴の煮汁で煮え具合を見ます。煮汁が透明になっていれば、中まで火が通った証拠です。最後に挽きたての黒コショーをたっぷりかけて、取り分けていただきます。

# お正月のあとさき

12月に入ると、今年も押し詰まってきたという気分で、なんだか特別な心持ちになります。忙しいような、でも、楽しみなような。

わが家では年の暮れの3日間は、離れて暮らす娘三人の家族も勢揃いして、みんなでおせち作りをするのが恒例です。私のスタジオに集まり、朝から日が暮れるまで、ずっと一緒に料理をします。一人暮らしで自炊をしている社会人や男子大学生の孫たちも、エプロンをして参加します。

日ごろはそれぞれに忙しいですから、みんなで顔を合わせるのはこのときばかり。大晦日になると、お重を手にそれぞれの住まいに戻り、私はいつもの慌ただしさから解放されて、のんびりとお正月を過ごすのです。

おせち以外の料理に工夫するのも、この時季ならではの楽しみです。おせち作りで半端に残った、大根の切れ端やかまぼこをどうおいしく食べきるか。大根は軽く干して炒め煮にしたり、豚肉とスープにしたり。かまぼこはうすく切って素揚げにし、白髪ねぎと和えると最高においしいのです。

寒い冬に食べごろになる鴨も、ぜひこの時季に味わっておかなくては。鴨の旬は12月から真冬にかけて。寒さに耐えるために脂がのり、うま味が増すといわれます。焼き鴨はうちの家族の大好物で、年末の集まりに必ずリクエストされます。鴨肉自体の味が濃いですから、たっぷりの野菜と一緒にサラダのような感覚で食べるとよりおいしくいただけます。

焼き鴨
作り方は128頁

鴨雑煮
作り方は128頁

# 焼き鴨

フライパンで焼くだけですが、焼き加減が大事。指で押すと少し弾力があって、「おいしそう」と感じたら火から下ろします。アルミホイルをかぶせるなどして冷まし、冷めたら切ってみます。中心が少し赤いぐらいの焼き加減が私は好み。もしも火の入りが足りなかったら、もう一度フライパンで焼けばいいのです。

**材料**（3〜4人分）
合鴨むね肉　1〜2枚（1枚約370g）
長ねぎ（白い部分）、水菜、柚子胡椒　各適量

**1**　鴨肉は常温にもどし、皮目全体にフォークを刺して穴を開けます。
＊皮目に穴を開けると、焼いたときにどんどん脂が出てきます。この脂で香ばしく焼けると同時に、鴨肉からほどよく脂が抜けてさっぱりと食べられます。

**2**　フライパンを中火で熱し、鴨肉を皮目を下にして入れます。脂がたくさん出てくるので、これをキッチンペーパーでほどよく拭き取りながら焼き、皮目にこんがりと焼き色がついたら返します。

**3**　火を弱め、10分ほど焼きます（鴨が小さければ7分ほど）。全体がこんがり焼けたら指で押してみて、弾力が感じられたら、フライパンを火から下ろします。鴨肉を返し、フタまたはアルミホイルをかぶせ、そのまま冷まします。
＊冷めたら切ってみます。焼きすぎず、肉の中心をやや赤みがかったピンク色に仕上げるのが理想です。

**4**　長ねぎはタテに切り目を入れて芯を除き、開いて斜めに細切りにします。ボールにはった氷水にさらし、クルッとしたらザルに上げ、水気をきります。水菜は冷水につけてシャキッとさせ、長さ5㎝に切り、水気をしっかりきって長ねぎと合わせます。

**5**　鴨肉の皮目を下にして、厚さ3㎜ほどの斜めそぎ切りにします。器に盛り、(4)と柚子胡椒を添えます。鴨肉で野菜を巻いていただきます。

# 鴨雑煮

焼き鴨を作ったら、鴨雑煮を楽しむのもわが家の決まり。鴨雑煮には玄米や雑穀のお餅が合います。盛りつけるとき、かぶの葉を一番下にしくと、お椀に餅がくっつきません。鴨にはせりがよく合いますから、あればせりを添えても。

**材料**（2人分）
焼き鴨（上記／厚さ3㎜のうす切り）　4枚
玄米餅（または粟餅）　2コ
かぶ　小1コ
柚子の皮（2㎝大）　2切れ
ダシ　350㎖
＊ダシのとり方は19頁を参照
塩　適量
しょう油　少々

**1**　かぶは茎を3㎝残して葉を落とし、皮をむいて4等分のクシ形に切ります。塩ゆでして水気をきります。葉は適量を塩ゆでし、水気をしぼって長さ4㎝に切ります。

**2**　餅は焼きアミで香ばしく焼きます。

**3**　鍋にダシを入れて火にかけ、温まったら塩で調味し、香りづけにしょう油を加えます。

**4**　椀にかぶの葉を入れ、餅、焼き鴨、かぶを順にのせます。焼き鴨に塩少々をふります。(3)のつゆを注ぎ、柚子の皮を添えます。

# ねぎと揚げかまぼこの和えもの

お正月に欠かせないかまぼこですが、お雑煮に入れるだけではなかなか使いきれないものです。そこで思いついたのが、この料理です。

もともとは小柱を素揚げして、小柱の混ぜ寿司を作っていました。ところが次第に小柱が手に入らなくなって……。あるとき、かまぼこを小柱ぐらいの角切りにして素揚げしてみたら、凝縮した魚介のうま味が感じられて「これはいいわね」と。カリカリ、しこしこの独特の食感もおもしろくて、一度食べるとくせになる味なのです。

以来、長ねぎと揚げかまぼこの組み合わせが、冬のおなじみ料理となりました。柔らかくて甘い冬の長ねぎのおいしさが際立つひと品です。

**材料**(2人分)
かまぼこ　½本(70g)
　揚げ油　適量
長ねぎ(白い部分)　1と½本分
しょう油　大サジ⅔〜1杯

**1**　長ねぎは長さ5㎝に切り、タテに切り目を入れて芯を除きます。開いてセンイにそって細切りにします。ボールに氷水をはって切った長ねぎをさらし、少しクルッとしたらザルに上げ、水気をよくきります。
**2**　かまぼこはごくうすく切ります。ボールにしょう油を用意しておきます。揚げ油を170℃に熱してかまぼこを入れ、まわりが茶色く色づいて、カリッとしたら、揚げアミで引き上げてすぐにボールに入れます。
＊かまぼこの油をきる必要はありません。かまぼこについている油もうま味として、和えるときに生かします。
**3**　かまぼこがくっついていたらはがし、(1)を加えてさっと和えます。

# ふろふき大根のねぎみそ

**材料**（作りやすい分量）
大根　1本
かつおぶしのダシ　カップ3杯強
日本酒　カップ½杯ぐらい
しょう油　適量
塩　適量
わけぎ　2本
みそ（甘味が少ないもの）　適量

わが家の冬の定番。大ぶりに切った大根を、うす味のおいしいダシでゆっくりと煮含めて、ねぎみそでいただきます。厚揚げやこんにゃくを一緒に煮ることもありますが、大根だけでシンプルにいただくことも多いひと品です。普通のおでんに入る練りもの類を一切入れず、大根だけの潔さが気に入っています。

ぬかを入れた湯で下ゆですることで、独特の大根くささやアクが取れます。竹串がスッと抵抗なく通るまで柔らかく下ゆでして、箸でホロリとくずれるほどにダシで柔らかく煮る。食べものは、火にかける時間が長くなるほど胃腸への負担が軽くなるそう。からだの芯まで温まる、冬の滋味です。

**1** 大根は長さ4～5cmの輪切りにして、皮を厚めにむきます。切り口を見ると、皮の5mm内側あたりに筋の層があります。この筋の部分まで皮を厚めにむくと、柔らかく煮ることができます。

**2** 大鍋に水をたっぷりはり、米ぬか（材料外）を大きく1つかみ入れて、泡立て器や菜箸で混ぜます。ここに大根を入れて火にかけ、沸騰したら、フツフツと優しく煮立つ火加減で、ゆっくりと時間をかけて下ゆでします。竹串がスッと抵抗なく刺さる柔らかさになるまで、充分にゆでます。

＊ゆで上がったら、ぬかは排水口に詰まりやすいので、小ザルに排水口ネットをかぶせて、ゆで湯をあけ、ぬかを取り除きます。次に鍋に流水を注いで、大根のぬかを洗い落とし、鍋を洗います。

**3** 大鍋に下ゆでした大根を並べ入れます。大根がかぶるぐらいのダシを注ぎ入れ、日本酒を加え、少し色づく程度にしょう油を加えます。味をみて、塩でととのえ、うすめのお吸いもの程度の味つけにします。

＊長く煮ている間に煮汁が煮詰まり、味が濃くなるので、最初はうすめがいいのです。

**4** （3）を火にかけます。沸騰したら弱火にし、鍋の中がユラユラと静かに煮えている状態で、フタをして45分～1時間ほどかけてゆっくりと煮ます。

**5** わけぎを小口切りにしてボールに入れ、わけぎがギリギリまとまる程度のみそを加えて混ぜます。煮上がった大根を煮汁ごと器に盛り、上にねぎみそをのせます。

# 金目鯛の煮つけ

**材料**（2人分）
金目鯛（半身）　2切れ
日本酒、みりん、しょう油、水　各カップ⅓杯
しょうが　大1片
ワカメ（乾燥）　適量

煮魚は和食の優れた時短料理です。何しろ10分程度でできてしまいます。

おいしく作るコツは3つ。1、魚が重ならないように煮ること。口径の大きな鍋で煮てください。2、煮汁が沸いたところへ魚を入れること。2切れを煮るのなら、1切れを鍋に入れ、再び煮汁が沸いてから、次の1切れを入れます。こうすることでおいしく煮えます。3、強めの火でさっと煮ること。煮汁の味は魚の中まで入らなくていいのです。まわりの強めの甘辛味と、中のふっくら白い身を一緒に口にして味わうのが煮魚のおいしさです。

金目鯛でなくても、カレイでもなんでも煮魚の作り方は同じ。おいしい煮汁でワカメやわけぎをさっと煮て添えれば、栄養バランスもよいひと皿ができます。

**1** 金目鯛は皮に十字の切り込みを入れます。しょうがは半分は皮つきのままスライスし、残りは皮をむいて太めのせん切りにします。ワカメは水につけてもどし、たたんでかたい部分を切り落として食べやすく切りそろえます。

**2** 口径の広い鍋に日本酒とみりんを入れて沸騰させ、アルコール分をとばします。しょう油、水、しょうがのスライスを入れて煮立てます。

＊味をみて「この味が魚についたらおいしいかな」と自分の舌で判断し、好みの味になるように調味料を加減してください。

**3** 金目鯛の皮を上にして、1切れ入れます。煮汁をお玉ですくい、金目鯛の皮目にかけます。熱い煮汁をかけると、すぐに皮がめくれてきます。煮汁が再び沸くのを待って、次の1切れを入れます。

**4** お玉で煮汁をかけながら強火で煮ます。皮の色が変わったら、オーブンペーパーと落としブタをのせ、弱めの中火ぐらいの火加減で5～6分煮ます。

**5** 魚を取り出して器に盛ります。同じ鍋にワカメを入れ、さっと煮て味を含ませます。煮汁をもう一度沸かして魚にかけ、ワカメを添えて、しょうがのせん切りを天盛りにします。春ならば木の芽(材料外)を添えます。

# カキの春巻き

春巻き1本に、大粒のカキがひとつずつ入っています。揚げたてを頬張ると、みんながたちまち笑顔になるので、その光景が見たくて作り手の私はせっせと作っているところもあります。皮はパリパリ、中はジュワッと、がおいしさの決め手です。

カキは目ザル（137頁で詳しくご紹介しています）できれいに洗い、さっと下ゆでして余分な水分を抜いてから、春巻きの皮で包みます。カキフライよりもラクで、油が汚れないのもよいところです。

細く切って冷水につけた白髪ねぎを、たっぷり添えて一緒に食べるのもおすすめです。

**材料**（4〜5人分）
カキ（加熱用）　大10コ
春巻きの皮（小さめ）　10枚
［糊］
小麦粉（薄力粉でも強力粉でもよい）　大サジ4〜5杯
水　適量
揚げ油（菜種油など）　適量
［練り辛子］
粉辛子　大サジ2杯
熱湯　適量
しょう油　適量

**1**　カキは片手でつかめるぐらいの量を目ザルに入れ、カキが見えなくなるぐらいに、粗塩（材料外）をたっぷりかけます。シンクの中で目ザルをふると、カキの汚れが混ざった塩が灰色になって、ポタポタと下に落ちます。ザルの中のカキが白くなったら、流水でカキについた塩を洗い落とします。残りのカキも同様にふり洗いします。

**2**　沸騰した湯に塩1つまみ（材料外）を入れ、カキを1つかみ程度入れます。10秒ほどで表面が白っぽくなって、カキがプクッとふくらんだら、アミ杓子で取り出します。残りのカキも同様に湯通しして、キッチンペーパーをしいた角ザルに並べ、上にキッチンペーパーをのせて軽く手で押さえ、水気を取ります。

**3**　糊を作ります。ボールに小麦粉を入れ、水を少しずつ加えてよく混ぜ、ねっとりとした濃いめの糊を多めに作ります。

**4**　春巻きの皮を、角が手前に来るようにまな板の上に置き、皮の向こう側の角に糊を多めに置いて、指で広範囲にのばします。手前側にカキを横にして置き、手前から皮をひと巻きしてカキを包み、左右から皮を折りたたんでから、奥にクルリと巻いて、巻き終わりを糊で留めます。左右の皮を折るとき、奥に向かってややすぼまった形にすると、巻き終わりがきれいな形になります。巻き終わった春巻きは、バットに重ねた角ザルの上に並べると、皮がくっつきません。

＊カキ一コを春巻きの皮で包みますが、カキが小さければ2コを横並びにして包んでも結構です。

**5**　練り辛子を作ります。ボールに粉辛子を入れ、熱湯を少しずつ加えてスプーンで混ぜます。このとき、力強くガーッと掻くようにすると香りがよく立ちます。ある程度のかたさになったらボールを逆さにするか、皿などでフタをして休ませておきます。この間に辛味が立ちます。

**6**　揚げ鍋に油を入れます。油の量は、鍋底から3～4㎝の深さで少なめがいいです。火にかけて油を温め、春巻きを入れても泡も出ないし、音もしないぐらいの低温から揚げ始めます。春巻きは一度にたくさん、鍋に詰めて入れて揚げて大丈夫です。

＊油の量が多いと春巻きがクルクルと回転してしまうので、少なめの油で揚げます。

**7**　春巻きを油に入れたら、しばらくは手を出さずに静かに揚げます。油の温度が上がってきて、シュワシュワと気持ちよさそうに揚がっている感じになったら、その状態を保つように火加減を調節しながら揚げます。少し色がついてきたら、春巻きを返してさらに揚げます。トータルで4～5分かけて、全体においしそうな揚げ色がついたら、角ザルに上げて油をきります。残りの春巻きも同様に揚げます。練り辛子としょう油でいただきます。

## 目ザルはすごい！

わが家で人気の「カキの春巻き」（134頁）を作るときのこと。目ザルを使うのでキッチンに出しておいたら、目を留めて「このザルかわいいですね。なんですか？」と聞く方がいました。「目ザルですよ。あら、ご存じない？　カキを洗うには、昔から目ザルを使うんです」。そうお教えしたら「カキを？　みかんを入れるカゴかと思いました」と返ってきました。

もちろん、みかんを入れてもいいのですが、目ザルはとても優れた調理道具なのです。竹でできていて、六つ目と呼ばれる大きな目で編んであるのが特徴で、この大きな目がカキの汚れを落とすのにもってこい。

使い方はこうです。カキを目ザルに並べ入れ、カキを覆うぐらいたっぷりの粗塩をまぶします。これをシンクの中で、シャカシャカと小刻みに振る。すると、カキの汚れが塩に混じって、灰色の汚れのかたまりがポタポタとシンクにたくさん落ちます。本当におもしろいほど汚れが落ちるのです。

もういいかな、と思ったら（あまり振りすぎてカキを傷つけてしまわないように）、流水で塩を洗い流します。そうしてみると……カキが見違えるほど白くなり、ぷっくりとして、なんだかすでにおいしそうな姿になっているのです。目ザルを知らなかった方は、この下ごしらえの様子を見て「ええー、ここまできれいになるんですか！　黒っぽいところがまったくないですね。今まで私は汚れまで食べていました」と大層驚いていました。

大根おろしで洗う、塩水で洗うなど、カキの洗い方にもいろいろな方法がありますが、目ザルを使うと本当に気持ちよくきれいになります。目ザルはほかにも、魚の霜降りに使ったり、野菜を洗うのに使ったり。ペコペコとした柔らかいつくりがかえって使い勝手がよく、使わないときはそれこそみかんを入れておいてもいいのです。

人の手で作られるザルやカゴは、天然の植物である材料も、技術を持つ作り手も、減少の一途をたどっています。ふだんからよく使うことで、貴重な文化を絶やさないようにすることができればと思うのです。

## ほうれん草と小松菜

寒くなるとうれしいのは、まず、青菜がおいしくなること。ほうれん草も小松菜も、夏場のものに比べると株の太さが3〜4倍ぐらいになり、葉も茎もピンピンと生きがよく、ほれぼれしてしまいます。

　ほうれん草と小松菜、見た目が似ているので同じ仲間のようですが、味わいはまるで違います。そもそも分類が異なるのです。ほうれん草はビーツと同じヒユ科。小松菜はアブラナ科。

　昔はよく、根元が赤いほうれん草を見かけました。葉っぱが細く、先がとがっていて切れ込みの深いものです。これは東洋種といって、秋に種をまき、冬の霜に耐えて育つ品種だそうで、冬に甘味がぐんと増して、とてもおいしいのです。ただし栽培に手がかかるためか、最近はあまり出回らなくなりました。

　その代わりに盛んに作られているのが、葉っぱの丸い肉厚なほうれん草です。これは西洋種や、西洋種と東洋種の交配種なのだそう。東洋種との味わいの違いは、おひたしにするとよくわかります。ゆでて水気をぎゅっとしぼって、おかかとしょう油でさっぱりと食べるなら、昔ながらの東洋種が断然おいしいのです。交配種でも、根元が赤くて葉っぱの細い東洋種の特徴を持つものを選ぶと、ひと味違うおひたしが食べられます。

　一方の葉っぱの丸い西洋種や交配種のほうれん草には、バター、カレー、ホワイトソースといった洋風の味つけが合うと私は思うのです。バターソテーはもちろんのこと、「ほうれん草と豚肉のスパゲティ」（115頁）、「魚介とほうれん草のグラタン」（116頁）などは、冬の間に何度でも作ってほしいものです。冬のほうれん草の甘さがあってこその料理ですから。

　小松菜は、私の大好きな野菜です。アブラナ科の野菜は春に黄色や白の花を咲かせるのが特徴で、ブロッコリー、カリフラ

ワー、キャベツ、かぶ、大根、クレソン、ルッコラなどが仲間です。ほのかな苦味と、独特のうま味を併せ持つアブラナ科の野菜は、からだにとてもいいそうです。

　小松菜は、シャキッと歯ごたえのいいのが魅力です。油で炒めてもクタッとなりすぎず、汁ものに入れても歯ごたえの残る点がうれしい。

　ゆでただけで食べるにしても、おろし和え、柚子しょう油和え、海苔和えなど、さまざまに楽しめます。小松菜とほうれん草をそれぞれゆでて水気をしぼり、一緒に盛り合わせておひたしにするのも、味わいや食感の違いが楽しめておすすめです。青菜の季節、思う存分味わってください。

## マヨネーズは自家製がおいしい

　夏でも蒸し料理をよく作るわが家ですが、冬になればなおさらのこと。しゅわしゅわとセイロから熱い湯気が上がる風景はそれだけで心温まり、おいしそうな予感がするものです。それに、れんこん、カリフラワー、ブロッコリーなどの冬野菜は、蒸して食べるととてもおいしいのです。蒸すとほっくりとして、野菜の甘さが際立ちます。特にカリフラワーはおすすめで、カリフラワーは蒸して食べるのが一番好きかもしれない、と食べるたびに思います。

　野菜は丸のままか、大きめに切るほうが、うま味が逃げません。れんこんは厚めの輪切りなどにして。カリフラワーやブロッコリーは軸に十字に切り目を入れて、湯気の立ったセイロや蒸し器に入れます。いずれも竹串を刺してみて、スッと通れば蒸し上がりです。

　蒸し野菜にはマヨネーズをつけて食べるのが最高です。ただし、自家製のマヨネーズ。マヨネーズ＝買うもの、と思っていたら、もったいない。マヨネーズって、玉子と酢と油と塩・コショーがあれば作れるのです。家にいつもあるもので作れるし、難しいことはなくて誰にでも簡単にできます。

　玉子1コ、酢（ワインビネガー、米酢など）大サジ1〜1と½杯、塩小サジ½〜⅔杯、コショー適量をミキサーに入れて攪拌します。ざっと混ざったら、さらにミキサーを回しながら、油を細くたらして加えます。ミキサーが回らなくなるまで油を加えてください（トータルでカップ½〜⅔杯使用）。ミキサーが回らなくなる＝かたさがちょうどよくなった合図です。これでマヨネーズの出来上がり。

ミキサーで撹拌するときに、フレッシュなバジルやイタリアンパセリの葉を加えると、きれいなグリーンのマヨネーズができます。これも蒸し野菜全般に合います。白ワインで蒸し煮にしたホタテ貝柱やえびとも、とてもよく合います。マヨネーズに酢が入っているので、時間が経つとハーブの色が悪くなります。ですから、作りたてをいただける自家製マヨネーズならではの楽しみなのです。

にんにく入りマヨネーズもおいしくておすすめです。にんにくは最初にミキサーに入れます。

マヨネーズは、もちろんハンドミキサーでも上手に作れますし、ミキサーがなければボールと泡立て器で混ぜて作ればいいのです。そもそもこちらが基本の作り方です。手は少し疲れますが、その分、ハンドミキシングのほうが、なぜかひと味おいしく感じられます。

ポイントは、おいしい油を使うことです。私はオリーブ油で作りますが、太白ごま油でも米油でも、単一素材から作られている油であれば、お好きな油で結構です。種類は問いませんが、とにかくおいしい油を使うことが大事。作り方を知ればわかる通り、マヨネーズは油の占める割合が大きいですから。

マヨネーズの広告を見ると、玉子へのこだわりをアピールするものが多いですね。油のほうが多いのに、どんな油を使っているのかはよくわからない。

マヨネーズだけでなく、めんつゆやポン酢など、お店で買うものだと思い込んでいるものが、冷蔵庫にいくつも入っていませんか？　でもときには、それらを自分で作ってみてはいかがでしょうか。それほど難しくないことや、シンプルな材料で作れることに気づかれるでしょう。

要は、自分で作るか、作らないか。その差だけなのです。さて、あなたの選択は？

## 料理が伝えること

私は、実家ではほとんど料理をしませんでしたし、母から教わったこともありません。でも、今の私の料理の基礎にあるのは母の味です。自分の家庭を持ってから、実家で食べてきた味を、あれこれ試しながら再現してきたのです。「うちの味」って、おいしい記憶さえあれば、不思議と自然に作れるものです。

あるとき、ひじきの煮ものを作ったのですが、どうにも母の味になりません。そこで母に電話をして、こういうふうにやったのだけれど、と説明すると、母は「もう少し煮込んでみたら?」と。それでとてもおいしくできたのですが、母から料理を習ったことはそれくらいです。たとえばイタリアでも、祖母から母へ、母から娘へと、その家の味が、そんなふうに伝わっている様子を目の当たりにします。でも、今の日本では、少なくなっているのではないでしょうか。

そして、私は若い人から「失敗せずに作るにはどうしたらよいですか」と聞かれることも、とても多くて、気になります。

そんなとき、必ずこう答えます。「たくさん失敗してください」と。失敗することは必要なこと。「なぜ失敗したのか」「じゃあ、どうしたらいいのか」ということを自分の頭で考える。そして「次はこんなふうにしたらおいしくなりそう」と気づくこと。それこそが、料理上手になるために、必要なことなのです。私も日々、失敗だらけ。毎日が実験のようなもの。だからおもしろいのです。

さて、〝わが家の男子ども〟も、一人暮らしを始めてから、料理のおもしろさを味わっているようです。

〝わが家の男子ども〟のトップは理系の研究者。彼は、一人暮らしの小さな台所で、せっせと夕食を作っています。「今日のごはん」といって私に送ってくる写真を見ると、煮魚や焼き魚などの魚料理に、野菜の和えもの、ご飯、おみそ汁……と完璧な和の献立で、ほとんど毎日そうしたものを食べているらしい。凝った料理を作るわけではないけれど、バランスがよくてヘルシー。「ちゃんと食べてる。これなら安心!」とほっとします。

二番手の男子は親元を離れたばかりで、外国の大学の寮で暮らし始めました。家では自分の身のまわりのことも満足にしなかった彼なのに、寮生活では1週間のうち6日間も夕食を作っているらしい。パスタやカレーはお手のもの。鮭を照り焼きにしたり、彼の大好きな「海苔とレタスのサラダ」(昔からの私のレシピです)を作ったりしてい

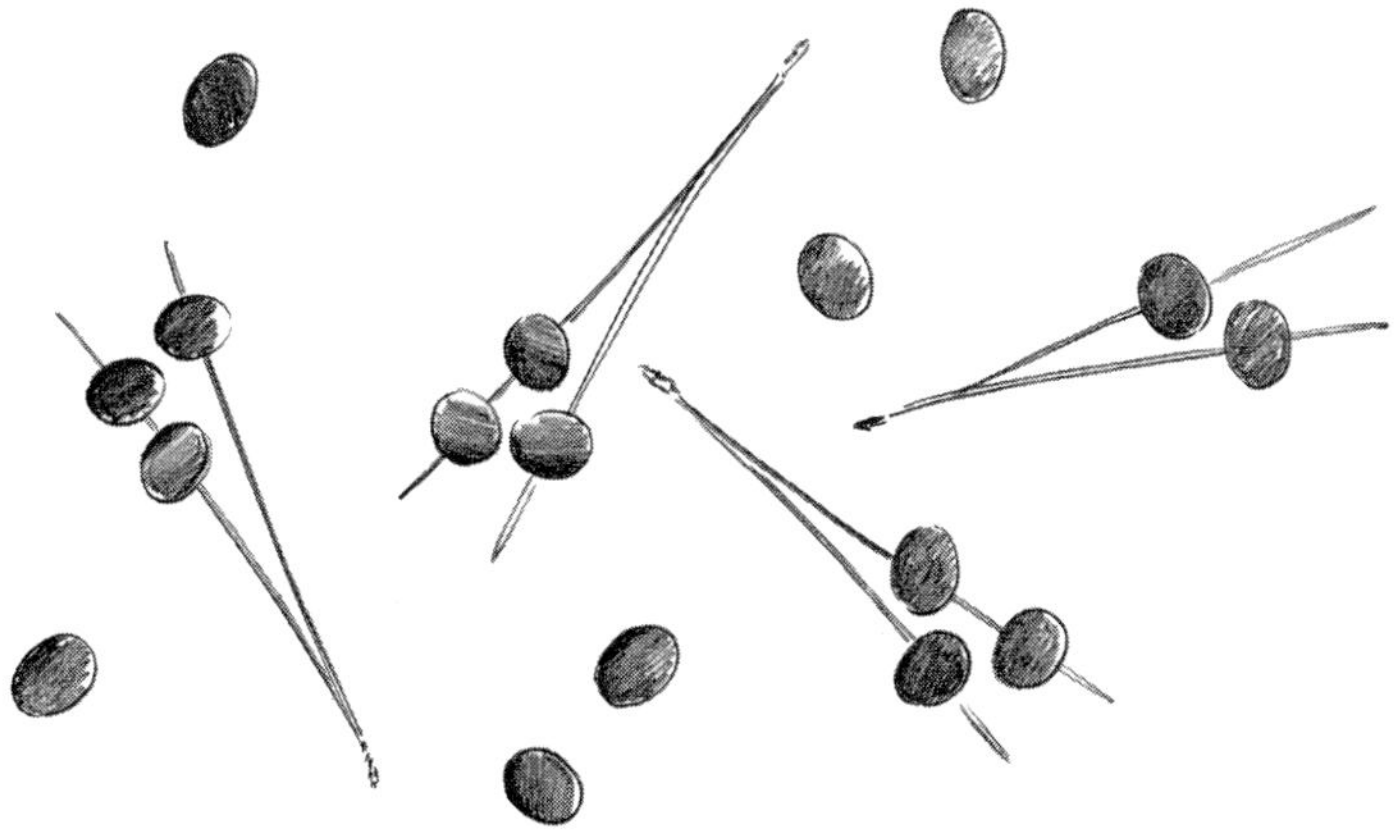

て、送られてくる写真を見て「ええーっ、あのぶきっちょさんが！」と私もびっくりしています。

彼らに家庭料理を教えた覚えはないし、そもそも彼らの母親にも、私は料理を教えたことはありません。ただ、一緒に食べていただけです。だから思うのです。「作りなさい」と言ったり、作り方を教えたりしなくてもいい。とにかく作って、一緒に食べることが一番大事、って。仕事が忙しくて一緒に食べられないとしても、おかずを全部は作れなくても、何かひと品は作ったものを用意しておく。それだけで、気持ちは伝わるはずです。

手作りのものには、すごく力があります。なんてことのないものこそ、手作りの料理を食べると、気持ちが休まるし、安心します。それが「うちの味」。家庭料理って、そういうものだと思います。

## 暮しの食事

「ちゃんと食べてる？」というのは、どうやら私の口ぐせみたいです。遠くで暮らしている家族や、一人暮らしをしている大学生の孫なんかに「あなた、ちゃんと食べてるの？」とつい口ぐせで言ってしまう。それで「食べてますよ」「作ってますよ」と返ってくればひと安心。

あまり深く考えたことはなかったけれど、「ちゃんと食べてる？」って、つまりは「ちゃんと暮らしてる？」ということだと思います。たまには外食したり、買ってくるだけですぐに食べられるものの日があっても、おおかたの日々は「自分が食べるものは自分で作る」を信条として持っていれば、それだけで暮らしや心身は整ってくると思います。料理は、おいしいばかりでなく、心も養うものだと実感しています。

一人暮らしであれ大家族であれ、暮らしの根幹となるのは、「食べること」です。食の担う部分はすごく大きい。それを底上げする、つまり、食をちゃんとするだけで、暮らしは豊かになるのです。豊かというのは、リッチという意味ではなく、心身が満たされるという意味です。

日本は今、どんどん国力が落ちていると言われているけれど、そんなことはないと私は思っています。みんなが自分の暮らしをちゃんとしていれば、ごみも減るでしょうし、ものも大切にするし、自国の農業の大切さも痛感するし、昔ながらのよいものは残したいと思う。暮らしをちゃんとしていれば、自然とそういう気持ちになります。そうなったらいいな、と思います。

外にばかり目を向けていないで、自分の日々の暮らしに目を向けることで、自身ひいては社会とのかかわり方も変わってくるかもしれません。

　今日食べる一膳のご飯の、炊き方、よそい方、食べ方に心を向けてみる。ぬか床の様子を、かき混ぜる手の感触と匂いと、口にぬかを含んでみたときの舌の感覚で確かめる。買い物に行って、旬のおいしそうな野菜を見つけてくる。鉄のフライパンのこびりつきを、一所懸命こすって落としてきれいにする……。

　こうしたことに時間をかけることが、一体いつから、ないがしろにされるようになったのでしょう？　こうしたことに時間と労力をかけることが、生きる喜びや楽しみや希望なのに。こうしたことに時間と労力をかけるからこそ、わかることや見えてくることがたくさんあるのに。料理の知恵というのは、普通の人々の暮らしの中から出てきたものばかりなのです。

　かつて、この国にも戦争をしていた時代がありました。家族がバラバラになってしまおうが、食べるものがなくなろうが、男の子たちが兵隊に取られて若死にしてしまおうが、「そういうことは大したことではない」とされた悲惨な時代です。

　暮らしが、ないがしろにされたのです。戦争というのは、誰かの権利や権威が、私たちの暮らしよりも大事にされるから起こるのです。こういったことが絶えずくり返されるのは、人間の業なのかなぁ、と考えてしまいます。

　暮らしが一番大事――。そういう気持ちでみんながいれば、平和な暮らしを破壊する争いをなくすことができるのでは、と淡い望みを持ってしまいます。季節のもので食卓をささやかにととのえて、一人でも家族とでも、おいしくちゃんと食べる穏やかな日々を続けることしか、私たちの願いはないのではないでしょうか。

　暮らしの食事。『暮しの手帖』式に書けば、「暮しの食事」。それこそが、まごうことなく一番大切なものです。これまでも、これからもずっと、この思いから離れることはできません。

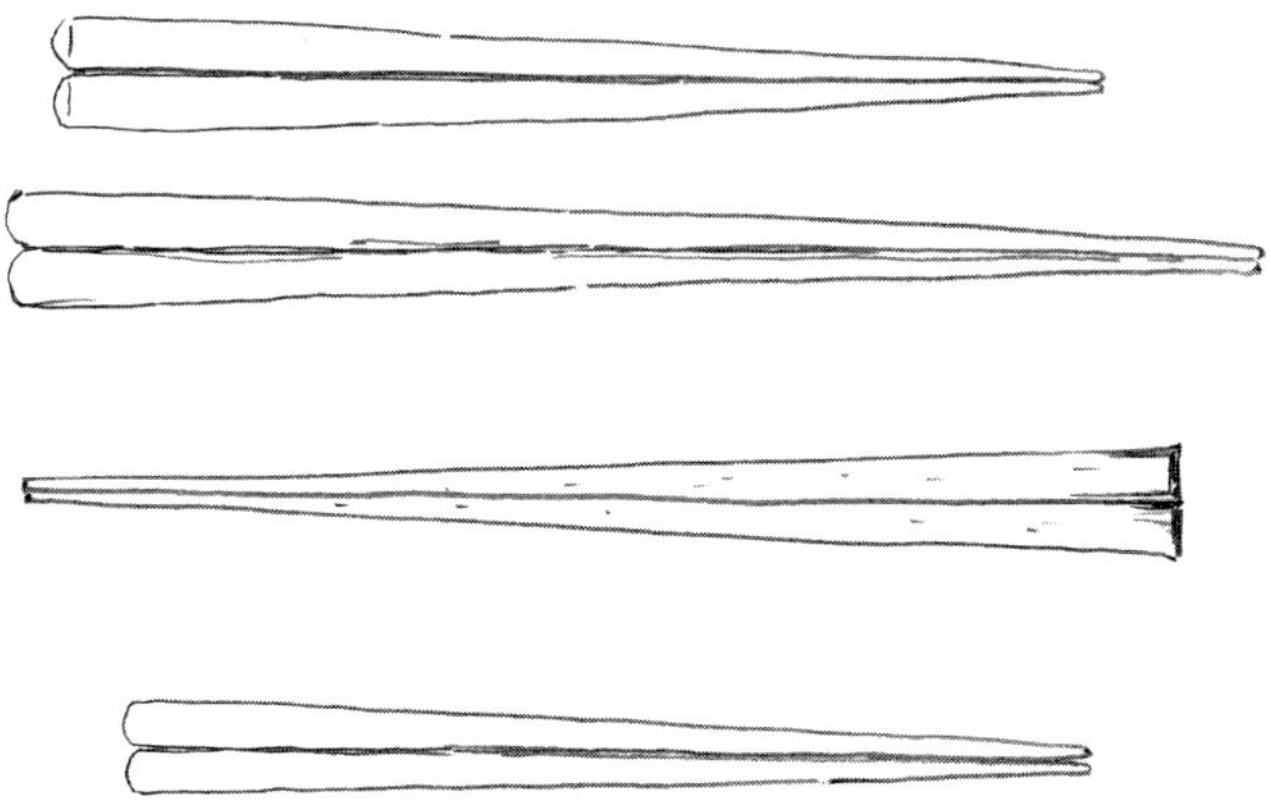

有元葉子（ありもとようこ）
雑誌編集者、三女を育てる専業主婦を経て、料理研究家に。四季折々の素材の持ち味を生かした、シンプルな料理が人気。和食はもちろん、日本の食材で作るイタリア料理やエスニック料理にも定評がある。『レシピを見ないで作れるようになりましょう。』シリーズ（ＳＢクリエイティブ）はじめ、著書は１００冊以上に及ぶ。東京・田園調布で料理教室「COOKING CLASS」を主宰し、さまざまなイベントも企画。
www.arimotoyoko.com

ブックデザイン　若山嘉代子 L'espace
写真　馬場晶子
構成　白江亜古
イラスト　山本祐布子
題字　有元めぐみ
スタイリング（再掲載頁）　千葉美枝子
取材（再掲載頁の一部）　中島佳乃　香取里枝
編集　暮しの手帖編集部
校閲　暮しの手帖編集部　オフィスバンズ
ＤＴＰ　佐藤尚美 L'espace
カバーの帯　「浦嶋間道」　誉田屋源兵衛

有元葉子　春夏秋冬うちの味

二〇二四年一月二十八日　初版第一刷発行
二〇二四年四月十七日　第二版第一刷発行

著　者　有元葉子
発行者　横山泰子
発行所　株式会社　暮しの手帖社
東京都千代田区内神田一ノ十三ノ一　三階
電　話　〇三－五二五九－六〇〇一
印刷・製本　ＴＯＰＰＡＮ株式会社



この本の一部には、『暮しの手帖』本誌に掲載した料理を再編集して掲載しています。

暮しの手帖社ウエブサイト　https://www.kurashi-no-techo.co.jp/
ISBN978-4-7660-0238-6　C2077　